AF311850

L'ÉDUCATION,

ou

LES DEUX COUSINES.

Prix de L'ÉDUCATION , papier fin.   3 f. 5o c.
                Grand-raisin collé. 5 f.

————

Tous les exemplaires qui ne seront pas revêtus de ma signature sont déclarés contrefaits , seront saisis et poursuivis comme tels.

Du même auteur.

LA MÈRE RIVALE , comédie en trois actes et en vers. Seconde édition. — Prix , 2 f. 5o c.

PARIS, IMPRIMERIE DE A. BELIN.

L'ÉDUCATION,

OU

LES DEUX COUSINES,

COMÉDIE EN CINQ ACTES ET EN VERS,

DE M. CASIMIR BONJOUR.

Représentée pour la première fois, par les Comédiens Français ordinaires du Roi, sur le Théâtre de la rue de Richelieu, le samedi 10 mai 1823.

ÉDITION ENTIÈREMENT CONFORME A LA REPRÉSENTATION.

A PARIS,

CHEZ J. L. J. BRIÈRE, LIBRAIRE,

RUE SAINT-ANDRÉ-DES-ARTS, N°. 68.

M DCCC XXIII.

PERSONNAGES[*].	*ACTEURS.*
DUPRE, négociant, père de Laure.	M. Damas.
DUVAL père, ami de M. Dupré, et retiré à la campagne.	M. Devigny.
M. DE ROSAMBERT, frère d'une amie de pension de Laure.	M. Michelot
DUVAL fils, caissier de M. Dupré	M. Firmin.
UN LAQUAIS en livrée.	M. Faure.
Mme DUPRE, mère de Laure.	Mme Tousez.
LAURE, sa fille.	Mlle Mante.
CLAIRE, nièce de M. Dupré, et orpheline.	Mlle Brocard
Mme D'ORVAL, sœur de M. de Rosambert, et amie de pension de Laure.	Mlle Dupuis.
FLORINE, demoiselle de comptoir	Mlle Demerson.
BABET, vieille domestique.	Mme Desmousseaux.
Deux laquais.	

La scène est à Paris, dans le salon de M. Dupré, meublé et décoré à neuf.

---

[*] Au commencement de chaque scène le premier personnage nommé tient la gauche du spectateur; les autres sont nommés à la suite, toujours de gauche à droite.

Voyez, page III, la note relative à la mise en scène de cet ouvrage.

L'ÉDUCATION,

ou

LES DEUX COUSINES.

ACTE PREMIER.

SCÈNE PREMIÈRE.

CLAIRE, BABET.

CLAIRE.

Mais, Babet, pourquoi donc vous plaindre ainsi, ma chère !

BABET.

Ah ! j'en ai grand besoin, mademoiselle Claire.
Laissez-moi vous conter tous mes ennuis secrets ;
Que je parle ! voilà six mois que je me tais.
Allez, je suis bien triste, et j'ai sujet de l'être.
Pensez-vous, quand on est attachée à son maître,
Et qu'on le sert ainsi que je fais, dieu merci,
Qu'on voie avec plaisir ce qui se passe ici ?

CLAIRE.

Mais il s'y passe donc des choses que j'ignore ?

I

BABET.

Quoi ! vous ne voyez pas, depuis six mois que Laure,
De son pensionnat, est de retour chez nous,
Que tout, dans la maison, est sens dessus dessous ?
Écoutez, avec vous, je puis être sincère ;
Je ne reconnais plus la fille ni la mère.
J'avais pensé (c'était naturel en effet)
Que Laure, au magasin, allait se mettre au fait ;
Ici, depuis huit jours, personne ne repose ;
Mais la voit-on jamais faire la moindre chose ?
Au lieu de nous aider à sortir d'embarras,
Elle est dans le salon, elle fait les beaux bras !
Ce serait demi-mal, s'il suffisait à Laure
De ne pas travailler ; mais c'est bien pis encore !
Sa présence nous nuit, car, vous le voyez bien,
Depuis qu'elle est ici, sa mère ne fait rien.
Il semble qu'elle ait tout gagné, quand Laure brille ;
Elle passe sa vie au piano de sa fille,
Retenant son haleine, afin d'écouter bien
Tous ces grands airs, auxquels elle ne comprend rien.

CLAIRE.

N'allez-vous pas encore attaquer sa tendresse ?

BABET.

Quant à moi, je n'y vois qu'une aveugle faiblesse.
Ce travers, que partout on blâme avec raison,
Peut-être finira par nuire à la maison.
Nous vient-il des marchands qu'on n'a pas vus encore,
Pour traiter d'une affaire ? on leur parle de Laure ;
On veut qu'ils soient témoins de ses brillants succès !
On les fait assister à sa leçon d'anglais !
Enfin, bon gré mal gré, madame les oblige
A voir tous les talents de sa fille ; elle exige

Qu'ils admirent, avant d'entrer au magasin,
Sa nouvelle romance et son nouveau dessin.

CLAIRE.

Mon dieu, Babet, combien votre tête est montée !
Jamais je ne vous vis à ce point exaltée !
Ma cousine vous aime, et ma tante a bon cœur ;
Pouvez-vous en parler avec ce ton d'aigreur ?
Vous avez tort vraiment.

BABET.

J'ai tort ?.... je vous admire !
Mais vous n'y pensez pas ! quoi ! j'aurais tort de dire
Qu'il est affreux de voir dépenser en un mois,
Plus que l'on ne faisait en un an autrefois ?
J'avais donc tort aussi de me mettre en colère,
Quand on a remplacé, la semaine dernière,
Deux anciens serviteurs, qui travaillaient beaucoup,
Par quatre freluquets, qui ne font rien du tout ?
J'ai donc tort de trouver mauvais qu'on me préfère
Une petite fille impertinente et fière,
Qu'on avait fait venir pour tenir le comptoir,
Et qui lit des romans du matin jusqu'au soir ?

CLAIRE.

Mais Florine, Babet, n'est pas une suivante ;
Pour elle on paie ici pension à ma tante.
On lui doit des égards, et....

BABET.

Vous avez raison ;
Mais faut-il lui laisser gouverner la maison ?
Vous le savez (ici personne ne l'ignore),
Elle a tourné la tête à cette pauvre Laure,
Qui repousse Duval et dédaigne ses soins
Pour ceux d'un mirliflor, qui l'aime beaucoup moins.

CLAIRE.

Sous ce rapport, Babet, je blâme ma cousine ;
Mais elle reviendra, du moins je l'imagine.
Pauvre monsieur Duval! il mérite si bien
De rencontrer un cœur aimant comme le sien !
Mais le voici, je crois.

SCÈNE II.

CLAIRE, DUVAL fils, BABET.

DUVAL FILS, avec humeur.

Toujours de la musique,
Des roulades, des vers ; c'est une chose unique !
On ne peut plus trouver un moment pour la voir,
Le matin elle chante, et dessine le soir.

BABET, à Claire.

Bon, voici du renfort.

CLAIRE, à Duval.

Ainsi donc, pour vous plaire,
Il faudrait qu'elle fût sans talents?

DUVAL FILS.

Au contraire.
Personne, plus que moi, n'estime les talents ;
Mais doit-on, je vous prie, y donner tout son temps?
Vous, vous les cultivez, sans négliger le reste.

CLAIRE.

Qui, moi? Je n'en ai pas.

DUVAL FILS.

Vous êtes trop modeste,
Vous en avez autant que l'on peut en avoir.

CLAIRE.

Mieux qu'un autre, monsieur, vous devez le savoir ;
Je n'en ai point, je suis une pauvre orpheline ;
Je ne puis ressembler en rien à ma cousine.

DUVAL FILS, préoccupé.

En elle, quelque chose aussi qui me déplaît,
Qui me tourmente enfin, c'est l'accueil qu'elle fait.....

CLAIRE.

A qui donc?

DUVAL FILS.

          A ce fat si vain, si magnifique,
Qui vient modestement faire de la musique.

CLAIRE.

Monsieur de Rosambert vous paraît un rival !
Mais il ne pense pas à l'épouser, Duval !
Devez-vous vous livrer à des craintes semblables?

DUVAL FILS.

Tous ces beaux messieurs-là sont fort désagréables ;
Aucun d'eux pour mari ne veut se proposer,
Mais ils éloignent ceux qui voudraient épouser.

SCÈNE III.

CLAIRE, Mme DUPRÉ, DUVAL fils, BABET.

Mme DUPRÉ, entrant d'un air joyeux.

Ah ! Claire, te voilà?

CLAIRE, l'embrassant.

          Bonjour, ma chère tante.

DUVAL FILS.

Madame, j'ai l'honneur....

CLAIRE.

Vous semblez bien contente !
Peut-on savoir pourquoi cet air tout radieux ?

Mme DUPRÉ, avec attendrissement.

Ah ! je viens de passer un moment bien heureux ;
Je sors d'une maison où l'on parlait de Laure.
Chère petite enfant ! tout le monde l'adore ?
On lui donne partout des éloges brillants !
Et c'est bien naturel, elle a tant de talents ?

(le bruit d'un piano se fait entendre.)

Mais l'entendez-vous ? c'est sa dernière sonate !...
Paix ! écoutez !... Combien sa touche est délicate !

SCÈNE IV.

CLAIRE, Mme DUPRÉ, DUVAL fils, BABET,
FLORINE, entrant brusquement.

FLORINE.

Le nouveau maître attend mademoiselle en bas.

Mme DUPRÉ, bas.

Chut ! Florine...

(On écoute, le bruit cesse ; madame Dupré et Florine applaudissent.)

SCÈNE V.

FLORINE, CLAIRE, LAURE, Mme DUPRÉ, DUVAL fils,
BABET.

LAURE, attirée par le bruit.

Que vois-je ?

Mme DUPRÉ.

Eh ! viens donc dans mes bras,
Ma chère Laure !

LAURE.

Eh ! quoi ! vous m'avez écoutée ?

Mme DUPRÉ.

Sans doute, mon enfant, et je suis enchantée.
Certainement tu fais des progrès chaque jour.

FLORINE.

Adroite au dernier point, belle comme un amour !

Mme DUPRÉ.

Ah ! que je veux de mal à ma sotte famille !
Que ne m'a-t-on appris tout ce que sait ma fille !
Je serais, mes enfants, c'est un fait assuré,
Autre chose à présent que madame Dupré.

BABET.

S'il vous faut dire ici tout ce que j'ai dans l'ame,
Ma foi, je ne suis pas de votre avis, madame.
Tenez ! tous ces talents que vous admirez là
Sont très-bons... pour manger la fortune qu'on a ;
Mais, pour en acquérir, c'est tout une autre affaire.

Mme DUPRÉ.

Ma bonne, que dis-tu ?

BABET.

Vous avez pensé faire
Une chose superbe en l'élevant ainsi ;
Mais pas du tout.

DUVAL FILS, à part.

Que va devenir tout ceci ?

BABET.

Oui, cette pension que l'on vous a vantée,
Dont vous espériez tant, l'a tout-à-fait gâtée.

CLAIRE, à l'oreille.

Babet...

BABET.

Dans ces maisons, autant que je puis voir,
On leur enseigne tout, *hors ce qu'il faut savoir.*
Avant de nous quitter, elle était, comme Claire,
Active, intelligente, elle savait tout faire.
Mais, depuis son retour ici, je le vois bien,
C'est une belle dame, elle n'est propre à rien...
On peut la marier maintenant, elle est grande ;
Mais comment voulez-vous qu'un homme la demande?
Depuis qu'elle sait peindre et donner de la voix,
Elle ne sait pas faire œuvre de ses dix doigts.
Est-ce là ce qu'on peut appeler une femme?

Mme DUPRÉ.

Tu le prends sur un ton bien singulier !

BABET.

Madame,
En un mot comme en cent, moi, je n'estime pas
Ces éducations qui font tant de fracas.

LAURE, d'un ton piqué.

Mais, Babet, pourquoi donc ainsi te mettre en peine?
Faut-il absolument que cela te convienne?
Crois-moi, c'est te donner beaucoup trop d'embarras.

BABET.

Dieu ! quel ton dur..... Ta mère avec moi ne l'a pas.
J'avais cru que mon âge et trente ans de service
M'avaient acquis des droits, et que sans injustice...

LAURE, avec douceur.

Ah ! ma bonne, pardon, si j'ai pu t'affliger,
Sois bien sûre...

BABET, à madame Dupré.

Tenez ! je ne puis pas changer ;

Ma franchise avec vous sera toujours la même.
J'ai le droit de parler aussi, car je vous aime.
Ah! si, dans ce moment, mon maître était ici,
Sans doute il serait loin d'approuver tout ceci.
Lui, c'est un homme d'ordre! un père de famille!
Il me semble qu'il parle, et qu'il vous dit : Ma fille
Est-elle une princesse? Il est temps à la fin
Qu'elle s'occupe un peu de notre magasin.
Ce que sa mère fait, j'entends qu'elle le fasse,
Et ne veux pas toujours la voir devant sa glace,
Ou bien, pour le piano laissant là son miroir,
Chanter *ré*, *mi*, *fa*, *sol*, du matin jusqu'au soir.
Mais j'en ai dit assez; je sens que je vous lasse;
De peur de vous fâcher, j'abandonne la place.
J'aime Laure, et j'ai cru devoir pour son bonheur
Dire au moins une fois ce que j'ai sur le cœur.

(Elle sort.)

SCÈNE VI.

FLORINE, LAURE, Mme DUPRÉ, CLAIRE, DUVAL FILS.

FLORINE , à Laure.

Enfin peut-il entrer ?

LAURE.

Eh, qui donc, je vous prie?

FLORINE.

Mademoiselle, c'est le maître d'harmonie.

Mme DUPRÉ, avec feu.

Tant mieux! je vais alors écouter ta leçon.

LAURE, nonchalamment.

Je ne la prendrai pas, ma mère.

Mme DUPRÉ.

Tout de bon?

LAURE.

Oui.

Mme DUPRÉ.

Ma fille....

LAURE.

Cessez d'insister davantage ;
J'aime mieux aujourd'hui finir mon paysage.

Mme DUPRÉ.

Je t'en conjure.

LAURE.

Non, je ne suis pas en train.
(à Florine.)
Donnez-lui son cachet, qu'il revienne demain.

Mme DUPRÉ.

Tu te négliges trop, ma fille, je t'assure.
Hier, tu renvoyas ton maître de peinture !
Tiens, depuis quelque temps tu n'as de goût à rien ;
Tu me fais de la peine, et cela n'est pas bien.

LAURE, minaudant.

C'est que je suis malade.

Mme DUPRÉ, lui prenant la main.

Eh ! qu'as-tu donc, ma chère?

LAURE.

J'ai les nerfs fatigués horriblement, ma mère !

FLORINE.

En ce cas, je vous plains ; car je sais ce que c'est.

DUVAL FILS.

Quoi ! cette douleur-là, Florine la connaît?

FLORINE.

A ne savoir, monsieur, où donner de la tête !

CLAIRE, avec naïveté.

Dites-moi, comme vous, je ne suis donc pas faite ?
Tous ces maux-là, jamais je ne les ai soufferts.

FLORINE.

Je le crois, c'est que, vous, vous n'avez pas de nerfs.

(Elle sort.)

Mme DUPRÉ.

Excusez-moi, Duval, et toi, ma bonne Claire,
Laure et moi, nous avons à parler d'une affaire,
Et.....

DUVAL FILS.

Madame, en ce cas, nous allons vous quitter.

(Ils sortent.)

SCÈNE VII.

LAURE, Mme DUPRÉ.

Mme DUPRÉ, à Laure.

C'est pour causer raison que je t'ai fait rester,
(avec importance et mystère.)
Et nous allons tenir un conseil de famille.

LAURE, à part

Que veut dire cela ?

Mme DUPRÉ.

Deux prétendants, ma fille,
Se disputent ta main, depuis près de six mois ;
Et sûrement ton cœur a déjà fait un choix.
Écoute, en ce moment, il faut de la franchise ;
Laure, quel est celui dont ton ame est éprise ?

LAURE.

Ma mère (à cet égard, je suis de bonne foi),

J'ai peine à démêler ce qui se passe en moi.
Vous savez le pouvoir des souvenirs d'enfance ;
Lorsque je vois Duval, et même en son absence,
Je ne puis oublier, à parler sans détours,
Que je l'aimai long-temps, et qu'il m'aime toujours.
Oui, son image encor vient partout me distraire.....
Tenez, je le crois bien, c'est lui que je préfère.

Mme DUPRÉ.

Eh bien ! ma fille, alors prends Duval pour époux.

LAURE, avec un soupir.

Je le voudrais !... mais quoi ! ma mère, songez-vous
Ce que c'est qu'un marchand ? Vous concevez sans peine
Quelle vie insipide il faudra que je mène.
Combattre, chaque jour, mes goûts et mes penchants,
M'éteindre, m'oublier, vivre avec des marchands,
Prendre pour horizon ma retraite profonde ;
Voilà mon sort !.... Il faut que je renonce au monde ;
Il faut, si je consens à lui donner ma main,
M'ensevelir vivante au fond d'un magasin !
Adieu les arts, adieu la harpe, les lectures !
Je passerai ma vie à régler des factures !
Peut-être je m'estime un peu trop, mais je croi
Que cet état, ma mère, est indigne de moi.

Mme DUPRÉ, se rengorgeant.

Monsieur de Rosambert va donc être mon gendre !

LAURE.

Ah ! c'est, je le vois bien, le parti qu'il faut prendre.
Oui, réflexion faite, enfin je reconnais
Qu'il me convient beaucoup. Je n'oublierai jamais
Et quel jour, et comment je fis sa connaissance !
C'est à la pension, je vous l'ai dit, je pense ?
Il m'avait, au parloir, vue à peine un moment.....

Qu'il fut épris de moi ; c'est un homme charmant !
N'est-il pas vrai qu'il a la plus belle figure ?

Mme DUPRÉ.

Sans doute, mon enfant.

LAURE.

Esprit, grâce, tournure.
Une immense fortune, enfin, pas un défaut,
Ah ! ma mère, c'est là le mari qu'il me faut.

Mme DUPRÉ.

Conviens aussi qu'il est d'un fort bon caractère.

LAURE.

Oh ! oui, parfait ! Je suis de votre avis, ma mère.
Cependant il n'a pas cet air franc et loyal,
Ce langage du cœur, que j'aimais dans Duval.

Mme DUPRÉ.

Dans ses discours encor quelle délicatesse !

LAURE.

Oui, moi, j'ai du plaisir à l'écouter sans cesse.
Quel choix de mots ! on voit qu'il est homme de cour.
Comme avec élégance il me parle d'amour !

Mme DUPRÉ.

C'est qu'il t'aime.

LAURE.

Oh ! beaucoup. Pourtant, à le bien prendre,
Il n'a pas, dans les yeux, cette expression tendre,
Et ce je ne sais quoi qu'on définirait mal,
Et que je vois toujours dans les yeux de Duval.

Mme DUPRÉ.

Duval, toujours Duval ! tu m'en parles sans cesse.
Mais si pour lui tu sens une telle tendresse,
Épouse-le.

LAURE.

Tenez ! je ne vous cache pas
Qu'en ce moment j'éprouve un extrême embarras.
Quitter Duval ! jamais je n'aurai ce courage....
Ah ! que je l'aimerais, s'il avait équipage !

SCÈNE VIII.

Mme DUPRÉ, LAURE, FLORINE.

FLORINE, entrant.

Je viens vous annoncer la comtesse d'Orval.

LAURE.

La sœur de Rosambert ! quel contre-temps fatal !

Mme DUPRÉ.

Qu'as-tu donc ?

LAURE.

Arriver sans qu'on l'ait engagée !
Pour qu'elle ne vînt pas, je m'étais arrangée !
Je suis au désespoir.

Mme DUPRÉ.

Et pour quelle raison ?

LAURE.

Accoutumée au train d'une grande maison,
Elle va trouver tout mesquin et misérable !
(allant au devant de madame d'Orval.)
Ciel ! la voici.

SCÈNE IX.

Mme DUPRÉ, LAURE, Mme D'ORVAL, FLORINE.

Mme D'ORVAL, embrassant Laure.

Bonjour, ne suis-je pas aimable ?
Tu ne t'attendais pas, Laure, à me recevoir ?

LAURE, balbutiant.

A quoi dois-je, en effet, le plaisir de te voir?

Mme D'ORVAL.

Comment donc? mais je viens te faire une visite;
Tu ne m'invites pas, ma chère, je m'invite.
A propos, où donc est ta mère?

LAURE, embarrassée.

La voilà.

Mme D'ORVAL, à l'oreille de Laure.

Quoi! c'est là ta mère?

LAURE, baissant les yeux.

Oui.

Mme DUPRÉ, voyant qu'on parle bas.

Mais que dit-elle là?

Mme D'ORVAL, à part.

Ah! Dieu! quel air commun!

LAURE, à part.

Je souffre!

Mme D'ORVAL.

Mais, ma chère,
Où demeures-tu donc? c'est au bout de la terre.
Quel séjour à la fois et maussade et lointain!
Mais que n'habitez-vous le faubourg Saint-Germain?

Mme DUPRÉ.

Que voulez-vous? c'était la maison de nos pères.
Nos affaires d'ailleurs exigent.....

Mme D'ORVAL.

Vos affaires!
Mais, effectivement, qu'est-ce donc que j'ai vu
En entrant dans la cour? des ballots!

LAURE, jouant l'étonnement

Que dis-tu ?

Mme D'ORVAL.

Tout se trouve encombré chez toi de telle sorte,
Qu'il m'a fallu laisser ma calèche à la porte.

LAURE.

Des..... ballots ?

Mme D'ORVAL.

Des ballots ?

LAURE.

C'est sans doute aux voisins.

Mme DUPRÉ, à sa fille en l'interrompant.

Mon Dieu, non ! tout cela sort de nos magasins.
Tu le sais, j'en ai fait ôter nos marchandises.

LAURE, à part.

Quelle imprudence ! ô Dieu ! nous voilà compromises !

Mme D'ORVAL, étonnée.

Des marchandises ! quoi !.. ton père est donc marchand !

FLORINE, à madame d'Orval.

Fi ! quelle expression ! dites négociant.

Mme D'ORVAL, à Laure.

Tu ne m'avais pas dit cela, ma bonne amie !

LAURE, à part.

J'étouffe !

Mme D'ORVAL.

Qu'as-tu donc ?

FLORINE, à part.

Plaisante comédie !

Mme D'ORVAL.

Marchand ! ah ! que ce mot me semble mal sonnant !

C'est singulier! comment peut-on être marchand?
Mais défaites-vous donc d'un nom aussi... gothique;
Vendez vos magasins, vendez votre boutique;
Achetez une terre, et vivez noblement.

LAURE, enthousiasmée.

Eh ! mais, en vérité, ce conseil est charmant !
Il me sourit beaucoup! posséder une terre,
Habiter un château ! qu'en dites-vous, ma mère?

Mme DUPRÉ.

Ma fille, je n'y vois .... qu'un léger embarras....

LAURE.

C'est... ?

Mme DUPRÉ.

C'est que mon mari n'y consentira pas.

Mme D'ORVAL.

Voyez donc comme un père est parfois détestable !
Faire manquer un plan si beau, si raisonnable !

Mme DUPRÉ.

Tout sage qu'est ce plan, tenez pour assuré
Qu'il ne l'adoptera jamais ; monsieur Dupré
Pense que travailler vaut mieux que ne rien faire.

Mme D'ORVAL, à Laure.

C'est tout-à-fait un homme à préjugés, ton père.....
S'il faut absolument qu'il exerce un métier,
Ma chère, tâche au moins qu'il se fasse banquier.
Oui, banquier maintenant est un nom supportable !
La fille d'un banquier est du moins présentable.
Propose-lui cela, crois-moi. C'est aujourd'hui
Tout ce que décemment tu peux faire pour lui.

* LAURE, à madame Dupré.

Lasthénie a raison, j'approuve son langage.

La banque est de bon ton, et ce conseil est sage.
Tenez, si mon avis par vous est partagé,
Dès aujourd'hui, ma mère, il faut donner congé.

Mme DUPRÉ.

Dès aujourd'hui ! pendant l'absence de ton père !.....
Cela ne se peut pas ; vois-tu ? c'est une affaire...
Beaucoup trop conséquente, et vraiment je craindrais...

LAURE, à part.

Conséquente ! ah ! grand dieu !

(s'approchant de sa mère.)

Cela n'est pas français,
Ma mère ; dites-donc une affaire importante.

Mme DUPRÉ, fâchée de s'être trompée.

Je n'y pense jamais !

Mme D'ORVAL, à part.

La mère est excellente ;
On en rencontre peu de cette force-là.

Mme DUPRÉ, à Laure.

Attendons son retour ; j'arrangerai cela.

Mme D'ORVAL, à Laure.

A propos, dis-moi donc une chose, ma chère.
Ce que je viens d'apprendre aujourd'hui sur ton père,
Sur votre intérieur, me surprend à tel point !...
Mais, à la pension, on ne s'en doutait point.
Nous étions là-dessus dans une erreur profonde.

Mme DUPRÉ, à madame d'Orval.

Vraiment ?

Mme D'ORVAL.

Je la croyais, moi, ce qu'est tout le monde.
Au surplus ce n'est pas ta faute ; en résultat,
Tu n'y peux rien changer. Sans doute cet état

N'est pas très-distingué, je dois le reconnaître.
Mais enfin, que veux-tu? Tous ne peuvent pas l'être.
Chacun ne peut avoir le même rang que moi;
Il faut bien des marchands! Il est fâcheux pour toi
Que le sort ait donné ce métier à ton père;
Mais qu'y faire! Il faut bien te résigner, ma chère;
De la philosophie, entends-tu, mon enfant.
Mais adieu.

LAURE.

Tu t'en vas?

Mme D'ORVAL.

La duchesse m'attend,
Et je suis en retard déjà d'une grande heure.

LAURE, la reconduisant.

Lasthénie, à présent que tu sais ma demeure,
Aurai-je le plaisir de te revoir, dis-moi?

Mme D'ORVAL.

Mais oui, je te promets de me fournir chez toi.

(Elle sort, Florine la suit.)

SCÈNE X.

Mme DUPRÉ, LAURE.

LAURE, se jetant dans les bras de madame Dupré.

O ma mère!

Mme DUPRÉ.

Qu'as-tu? Mais tu m'as effrayée.

LAURE.

Prenez pitié de moi; je suis humiliée!
Quels dédains! quel mépris!... Les femmes que je voi
Ici, dehors, partout, sont au dessus de moi.
Que je suis malheureuse!

Mme DUPRÉ.

Allons, ma chère bonne,
Calme-toi, je t'en prie.

LAURE.

Oui, je ne vois personne
Qui n'ait reçu du ciel en partage un grand bien,
Un rang illustre, un nom ! et moi, je ne suis rien...
Je ne vous ai pas dit tous mes chagrins, ma mère.
J'ai voulu voir Longchamps, la semaine dernière ;
Nous y fûmes ensemble ! au milieu de l'éclat,
J'y revis en détail tout mon pensionnat.

Mme DUPRÉ.

Je le sais ; qu'as-tu donc éprouvé de funeste ?
Parle.

LAURE.

Nous occupions un remise modeste.
Mes compagnes, parmi les flots de curieux,
Promenant à l'envi, dans des chars fastueux,
Leur luxe éblouissant, leurs toilettes pompeuses,
Dédaignaient de me voir !... et les moins orgueilleuses
Regardant ma voiture avec un ris moqueur,
M'humiliaient encor d'un salut protecteur.

Mme DUPRÉ.

Mais c'est affreux vraiment ; je ne conçois pas même...

LAURE, avec vivacité.

Tenez ! décidément c'est Rosambert que j'aime...
Ce mariage seul peut faire mon bonheur.
Je ne subirai plus tous ces airs de hauteur ;
Au contraire, de tous je recevrai l'hommage,
Et je ne verrai plus Longchamps qu'en équipage.

Mme DUPRÉ.

Tout ce que tu feras, Laure, sera bien fait.

SCÈNE XI.

Mme DUPRÉ, LAURE, BABET entrant.

BABET.

Je le croyais ici.

Mme DUPRÉ.

Qui cherches-tu, Babet?

BABET.

Monsieur Duval, pour lui je reçois une lettre.

Mme DUPRÉ.

Dans un autre moment tu peux la lui remettre;
Reste ici, j'ai deux mots à te dire.... en secret.

BABET.

Moi, madame! de quoi s'agit-il, s'il vous plaît?

Mme DUPRÉ, à sa fille.

Je voudrais être seule avec Babet, ma chère;
    (avec déférence.)
Tu permets?

LAURE.

Volontiers. D'ailleurs, ma bonne mère,
J'ai besoin de repos et de distraction.
Cette scène a, sur moi, fait une impression!...

Mme DUPRÉ.

Ta sensibilité, mon enfant, est trop grande;
C'est comme moi! Pourtant, tiens! je te le demande,
    (tendrement.)
Ne te rends pas malade.

LAURE.

Ah ! c'est trop de bonté.
Adieu, ma mère.

Mme DUPRÉ.

Adieu. Soigne bien ta santé.

(Laure s'en va.)

SCÈNE XII.

Mme DUPRÉ, BABET.

Mme DUPRÉ, la regardant partir.

Charmante enfant! elle est aussi bonne que belle.

(à Babet.)

Écoute, il ne s'agit que d'une bagatelle.
J'ai, ma chère, un service à réclamer de toi.

BABET.

Un service, madame! ah! disposez de moi.

Mme DUPRÉ.

Laure est grande à présent, c'est une demoiselle ;
Et tu devrais changer de manière avec elle.

BABET.

Comment?

Mme DUPRÉ.

Il faudrait prendre un ton plus circonspect.
Lui témoigner, vois-tu? des égards.... du respect.
Je te l'ai déjà dit, Babet, qu'il t'en souvienne.

BABET.

Tenez! je ne crois pas que jamais j'y parvienne.
Au respect j'ai voulu souvent m'accoutumer,
Mais je ne puis jamais réussir qu'à l'aimer.

Mme DUPRÉ.

Bonne Babet, tu dois en être bien certaine,
Je ne veux pas ici te faire de la peine ;
Mais, franchement, je crois devoir te prévenir
Que de.... tutoyer Laure il faudrait t'abstenir.

BABET.

Qu'entends-je ? mais, depuis seize ans je la tutoie,
Ce ton, vous le savez, de tout temps je l'emploie ;
Pourquoi donc voulez-vous qu'il me soit interdit ?

Mme DUPRÉ.

Cela ne se fait pas : ma fille me l'a dit.

BABET.

Cela ne se fait pas ! eh bien, il faut le faire.

Mme DUPRÉ.

Pour en finir, je tiens la chose nécessaire ;
Et je prétends.....

BABET.

   Qui ? moi, ne la tutoyer pas !
Songez-donc qu'elle vint au monde dans mes bras.
Ne suis-je pas sa mère aussi ? je l'ai nourrie ;
C'est mon enfant, à moi, c'est ma fille chérie.
J'en crois mon cœur, que j'ai consulté là-dessus,
Si je lui disais : vous, je ne l'aimerais plus.

Mme DUPRÉ.

J'en ai bien du regret, ma chère, je t'afflige ;
Mais, s'il faut parler net à présent, je l'exige.
A ma décision rien ne sera changé.

BABET.

Eh bien ! madame, alors donnez-moi mon congé

Mme DUPRÉ.

Ton congé ! se peut-il ?

BABET.

D'après ce qui se passe,
Je ne puis demeurer ; et je vous prie, en grâce,
De me laisser partir.

Mme DUPRÉ.

Que dis-tu là , Babet ?

BABET.

Ce que je pense.

Mme DUPRÉ.

Eh ! quoi , vraiment il se pourrait ?

BABET.

J'irai, partout ailleurs, terminer ma carrière,
Plutôt que de me voir en ces lieux étrangère.

Mme DUPRÉ.

Quel est donc ton projet en t'éloignant de nous ?

BABET.

C'est à cause des gens que l'on reçoit chez vous,
Qu'il faut que je lui parle autrement ?

Mme DUPRÉ.

Oui, ma bonne.

BABET.

Eh bien ! j'arriverai quand vous n'aurez personne.
Il me sera, madame, aisé de le savoir.
Ainsi, dans mes loisirs, le matin ou le soir,
Je viendrai tous les jours revoir ma pauvre Laure,
Et je pourrai du moins la tutoyer encore !

Mme DUPRÉ.

Au bout de vingt-cinq ans, tu voudrais nous quitter !

BABET.

Oui, mon cœur me le dit, je ne puis plus rester.

Mme DUPRÉ, attendrie.

Je t'en prie !

BABET.

Ah ! cessez avec moi ce langage.
Si vous priez, je vais n'avoir plus de courage.

Mme DUPRÉ.

Seuls, nous avons le droit de soigner tes vieux jours :
C'est à nous d'en charmer, d'en prolonger le cours.
En nous quittant, qui donc aimerais-tu ?

BABET.

Personne.

Mme DUPRÉ.

Tu consens donc à tout, n'est-il pas vrai, ma bonne ?

BABET.

Sans doute, vous devez en juger par mes pleurs ;
Je resterai chez vous ; pourrais-je vivre ailleurs ?

Mme DUPRÉ.

Mais la voix de Duval, je crois, se fait entendre.

SCÈNE XIII.

Mme DUPRÉ, BABET, DUVAL fils.

DUVAL FILS, à Babet.

Je vous cherche partout, quelqu'un vient de m'apprendre
Babet, que vous aviez une lettre pour moi.

BABET.

Oui, la voici, monsieur.

Mme DUPRÉ, à Babet.

Je puis compter sur toi,

N'est-ce pas ?

BABET.

Il faut bien que je vous obéisse.
Mais vous me demandez un bien grand sacrifice.

(elles sortent.)

SCÈNE XIV.

DUVAL FILS, seul.

Quoi, le timbre d'Anvers ! eh ! qui diantre m'écrit !

(il ouvre la lettre.)

Ah ! c'est monsieur Dupré ; voyons ce qu'il me dit.

« Mon cher Duval, je reçois ta lettre et je pars.
« J'ai reconnu, dans le zèle que tu me témoignes.
« moins un caissier qu'un ami fidèle. J'avais le projet
« de faire un voyage en Saxe, mais ce que tu m'ap-
« prends du désordre qui règne dans ma maison,
« m'a déterminé à changer d'idée ; et, toute affaire
« cessante, je reviens en poste à Paris. Malheureux !
« pourquoi faut-il que mes occupations m'aient em-
« pêché de surveiller l'éducation de ma fille ! Celle
« qu'on lui a donnée, n'est en rapport ni avec le nom-
« bre de mes enfants, ni avec ma fortune. Tu le
« sais d'ailleurs, mon cher Duval, tant qu'un né-
« gociant est dans le commerce ses capitaux ne sont
« pas à lui.

« Je serai chez moi presqu'en même temps que ma
« lettre ; mais garde-toi d'en instruire personne. J'ar-
« riverai incognito ; après trois ans d'absence, je
« veux observer froidement l'état des choses, éclai-
« rer ma femme, corriger ma fille, et l'arracher peut-
« être à la séduction. »

La lettre est du quatorze et nous sommes au seize ;
Nous le verrons bientôt! tant mieux, j'en suis bien aise.
De son côté mon père arrive ces jours-ci ;
La rencontre est heureuse, et leur séjour ici
Va produire sans doute un bon effet sur Laure ;
Le bon ordre chez nous peut reparaître encore.

FIN DU PREMIER ACTE.

ACTE II.

SCÈNE PREMIÈRE.

LAURE seule.

LAURE, arrivant une lettre à la main.

Qu'il est affreux souvent le destin d'une femme !
N'est-il pas bien cruel de sentir dans son ame
Que le rang qu'on occupe est indigne de soi !
La fortune est vraiment bien injuste envers moi.
Que mon père n'est-il... un maréchal de France !
Je connaîtrais du moins les grandeurs, l'opulence ;
Je paraîtrais, le soir, dans des cercles brillants,
Et je pourrais m'y faire honneur de mes talents.
Mais, au lieu de cela, quelle est ma destinée !
A végéter ici je me vois condamnée.
Un obscur magasin, voilà donc mon séjour !
Et le sort qui m'attend, est d'y mourir un jour.
Mon père est, je le sais, un parfait honnête homme,
Pour son intégrité partout on le renomme ;
Mais, puis-je l'oublier ? mon père est un marchand.
Ma mère me témoigne un amour vrai, touchant,
Pour moi, de jour en jour, elle fait davantage,
Elle m'adore ; mais... comme elle a peu d'usage !
Je ne puis relever les fautes qu'elle fait,
Le respect l'interdit ; mais j'étouffe en secret !

Chaque mot, chaque geste est une inconvenance.
Lorsque je la vois près de rompre le silence,
Je tremble et je rougis... d'embarras... de courroux,
Et je voudrais pouvoir lui dire : Taisez-vous.
Oh! combien en ces lieux je me sens déplacée!
Mais chassons loin de moi cette triste pensée,
Et relisons ma lettre à la jeune Préval...
                                                    (elle va s'asseoir.)
Ce début est mauvais; aujourd'hui j'écris mal;
Ma plume ne vaut rien; mon style est détestable...
Il y faut renoncer...
                    (elle déchire sa lettre, et sonne. Un valet arrive.)
                          Éloignez cette table...
Ramassez ce mouchoir.
                          (elle lui fait signe de sortir, et se lève.)
                          Que faire ce matin.
Mon piano me déplaît, et, quant à mon dessin,
Il ne m'amuse guère.

SCÈNE II.

LAURE, CLAIRE.

CLAIRE, d'un air sémillant, et des papiers à la main.
                          Eh! ma pauvre cousine,
Quel visage as tu donc? Tu parais bien chagrine.

LAURE, nonchalamment.
Je ne sais ce que j'ai.

CLAIRE.
                          Mon dieu! quelle pâleur,
Et quel air abattu! Vraiment tu me fais peur.
Que t'est-il arrivé?

LAURE.
                          Je suis mal à mon aise;
Tout, depuis ce matin, me fatigue et me pèse.

CLAIRE.

Aurais-tu ta migraine ?

LAURE.

Oh ! non ; pas aujourd'hui.

CLAIRE.

Mais alors qu'as-tu donc ?

LAURE.

De l'ennui.

CLAIRE, avec étonnement.

De l'ennui ?

LAURE.

Toi, n'en as-tu jamais ?

CLAIRE.

Jamais, ma bonne amie ;
Je ne suis pas sujette à cette maladie.

LAURE.

Hé ! comment fais-tu donc ?

CLAIRE.

Je travaille toujours ;
Et si j'ai, sur le soir, quelques moments bien courts
Dont je puis disposer, j'ai grand besoin de rire,
Et le moindre sujet me distrait et m'attire.

LAURE.

Combien elle est heureuse !

CLAIRE.

Eh ! bien, fais comme moi.
Veux-tu, dès aujourd'hui, partager mon emploi ?
Soins, travaux, nous allons faire d'intelligence
Ce qui, dans la maison, est de ma compétence.
Que dis-tu de mon plan ? Ne te convient-il pas ?
J'y vois deux agréments à la fois. Tu pourras

Faire de ce séjour un séjour agréable,
Et causer à ton père une surprise aimable.
Hein ! qu'en penses-tu ?

LAURE, dédaigneusement.

Moi, m'occuper de cela !
J'aime mieux mon ennui que tous ces plaisirs-là.

CLAIRE, stupéfaite.

C'est différent... Eh ! bien n'en parlons plus, ma chère.

(avec tendresse.)

Conviens que ta conduite est pourtant singulière.
Te voilà de retour près de tes bons parents ;
Objet de mille égards, de mille soins touchants,
De gens qui t'aiment bien tu te vois entourée ;
Tu le crois, n'est-ce pas ?

(elle lui fait une caresse.)

LAURE, la lui rendant.

Oui, j'en suis assurée,
Ah ! je vous aime tous aussi de tout mon cœur.

CLAIRE, vivement.

Que te manque-t-il donc pour goûter le bonheur ?

LAURE, d'un air triste.

Parmi vous je vois bien que je devrais me plaire ;
Malgré moi, cependant, j'éprouve le contraire.
J'ai beau faire... j'ai beau vouloir prendre sur moi,
Je sens un vide affreux !

CLAIRE.

Mais tu m'as dit, je croi,
Qu'avec tous ces talents dont je te vois ornée,
On charme ses loisirs, on remplit sa journée,
Cela n'est donc pas vrai, ma cousine ?

LAURE.

A présent,
Je sens que ce moyen est fort insuffisant...

CLAIRE.

Mais moi, qui ne suis pas grande musicienne,
Quand je suis, un moment, libre dans la semaine,
Le chant ou le piano m'amuse.

LAURE, l'interrompant.

Une heure ou deux ;
Mais tout un jour ! cela devient fort ennuyeux...
Si je savais du moins où passer mes soirées !..

CLAIRE.

Eh bien, que ne vas-tu chez madame Desbrées ?
Tu la connais.

LAURE.

Fi donc !

CLAIRE.

Et pourquoi ?

LAURE.

Le peut-on ?
Cette maison, ma chère, est du plus mauvais ton !
C'est pauvre !

CLAIRE.

Alors va donc chez la jeune baronne.

LAURE, avec un soupir.

Je le voudrais !

CLAIRE.

Qui peut t'en empêcher ? personne.

LAURE.

Pour fréquenter un cercle aussi brillant, hélas !
Il faut une toilette, un train que je n'ai pas.

CLAIRE.

Mais ta mise.....

LAURE.

Est trop simple et trop peu variée.
Je ne vais jamais là sans être humiliée !
C'est trop riche !

CLAIRE, la regardant avec étonnement.

A la fois voilà bien des malheurs !
Ici, l'on est trop pauvre ! on est trop riche ailleurs !
Tu ne peux donc aller nulle part, mon amie ?
Vraiment, j'avais grand tort de te porter envie ;
Moi, je sais m'amuser en tous lieux, en tout temps !
Ah ! qu'on est malheureux d'avoir tant de talents !....
Mais adieu, ma cousine ; il faut que je te quitte,
Car il est déjà tard.

LAURE.

Quoi ! tu t'en vas si vite !
Causons encore un peu.

CLAIRE.

Je voudrais le pouvoir !
Mais moi, j'ai ma besogne à faire pour ce soir.
En outre, tu sais bien que, pendant son absence,
Mon oncle me chargea de sa correspondance ;
Et je n'ai pas encor commencé mon courrier !

LAURE.

Claire, si tu t'en vas, je vais bien m'ennuyer !
Reste un moment.

CLAIRE.

J'aurais du plaisir à le faire,
Mais je n'ai pas le temps de t'amuser, ma chère.

(Elle sort.)

3

SCÈNE III.

LAURE , avec dépit.

Décidément, il faut que l'on se mette ici
Sur un pied différent; je ne puis vivre ainsi.
Je suis beaucoup trop jeune encor pour qu'on m'enterre,
Et cet isolement commence à me déplaire.
Mais qu'est-ce que j'entends? c'est Florine, je crois.

SCÈNE IV.

FLORINE , LAURE.

FLORINE arrive en sautant, une brochure à la main.

Dieu! que je suis contente!

LAURE.

En effet, j'aperçois
La joie et le bonheur peints sur votre visage.

FLORINE.

Ah! c'est que je finis le plus charmant ouvrage!

LAURE.

Quel est-il?

FLORINE.

Adeline.

LAURE.

Eh! mais je me souvien
Qu'autrefois je l'ai lu.

FLORINE.

L'héroïne est sans bien,
Un beau jeune homme l'aime, elle devient princesse.
C'est un des plus jolis romans que je connaisse!

LAURE.

Vous en lisez beaucoup.

FLORINE.

Ce sont mes seuls plaisirs;
C'est là ce qui remplit et charme mes loisirs.
Peut-être vous aurez de la peine à me croire,
Dans les romans, j'ai fait un petit cours d'histoire!
Vieux, nouveaux, j'en ai lu de toutes les couleurs.
Oh! c'est très-amusant! Je compare les mœurs;
Je sais comme on aimait du temps de nos grand's-mères;
Nos mœurs et celles-là ne se ressemblent guères!

LAURE.

La folle! du matin jusqu'au soir elle rit.
Et moi.....

FLORINE.

Plaignez-vous donc, lorsque tout vous sourit,
Lorsque tout vous promet le bonheur, la richesse!
Quittez enfin, quittez cette sombre tristesse.
Sentiriez-vous encore un reste de penchant
Pour... Duval?

LAURE, vivement.

Pas du tout.

FLORINE.

Épouser un marchand!

LAURE.

Oh! je ne l'aime plus. Cependant, je suis sûre,
Qu'il me rendrait heureuse.

FLORINE.

Il n'a point de voiture!
Vous êtes un enfant. Parlez-moi bien plutôt
De monsieur Rosambert; c'est l'époux qu'il vous faut.

LAURE.

Oui, vous avez raison.

FLORINE.

Cent mille francs de rente !
Équipage ! laquais ! maison riche et brillante !
O mon dieu, l'aimable homme !... est-ce depuis long-temps
Que vous le connaissez?

LAURE.

Voilà près de deux ans,
A mon pensionnat on donnait une fête,
Et c'est pendant le bal que je fis sa conquête.

FLORINE.

Que c'est avantageux d'aller en pension !
Ah ! que n'ai-je reçu de l'éducation !

SCÈNE V.

FLORINE , LAURE , BABET.

BABET entrant.

Faut-il que je le laisse entrer?

LAURE.

Qui donc, ma bonne?

BABET.

Ma foi, je ne sais pas le nom de la personne !
Mais, tiens, c'est ce monsieur... que tu vois tous les jours,
Que vous voyez... pardon ! je me trompe toujours.

LAURE.

Monsieur de Rosambert ! Quoi ! si matin ! je passe
A mon appartement.

(à Florine.)

Restez ici de grâce.

FLORINE.

Pourquoi vous en aller?

LAURE.

Me croyez-vous d'humeur
A me montrer ainsi? je suis à faire peur.

(elle sort, Babet la suit.)

SCÈNE VI.

FLORINE, seule.

Quelle coquetterie!.... eh bien, cela me blesse.
Pour recevoir quelqu'un que nous voyons sans cesse,
Elle se pare autant que pour aller au bal!

(se regardant dans la glace.)

Suis-je bien, moi? vraiment... mais je ne suis pas mal.
L'œil vif et le teint frais! quand on est ainsi faite,
On peut séduire un cœur sans faire de toilette...
Cependant, pour lui plaire employons un peu d'art;
Prenons un air lutin! non... j'ai lu quelque part,
Je ne sais où, que rien, lorsque l'on est jolie,
N'est plus intéressant que la mélancolie;
Soyons triste!

SCÈNE VII.

FLORINE, ROSAMBERT.

ROSAMBERT, après l'avoir contemplée sur le fauteuil où elle s'est jetée.

Eh! bon dieu, d'où vient cet air chagrin?
Qu'avez-vous?

FLORINE, d'un ton sentimental.

Je m'ennuie au fond d'un magasin.
Pour cet état je sens que je ne suis pas faite.

ROSAMBERT, à part.

Amusons-nous ; d'honneur, la petite est parfaite !
(haut.)
Ah ! je vois ! vous avez été probablement
Long-temps en pension?

FLORINE.

Non, pas précisément.
Mon éducation, je l'ai faite moi-même ;
J'ai beaucoup lu.

ROSAMBERT.

(à part.)
Fort bien, mademoiselle ! J'aime
Sa tête romanesque.

FLORINE, à part.
Il paraît enchanté !

ROSAMBERT, à part.

Elle est pleine d'esprit ! d'originalité !
(haut.)
J'ignore les secrets de la belle Florine,
Et dois les respecter. Cependant, j'imagine
Qu'on doit avoir, avec un si joli minois,
Bien des amants?

FLORINE.

J'ai pu me marier vingt fois.

ROSAMBERT.

Personne, jusqu'ici, n'a-t-il la préférence ?

FLORINE.

Plusieurs d'entre eux avaient un état, de l'aisance,
Mais je n'ai pas voulu les épouser.

ROSAMBERT.

Pourquoi ?

FLORINE.

Tous ces gens-là, monsieur, n'étaient pas plus que moi.

ROSAMBERT.

Je les trouve, en effet, bien plaisants... de prétendre...

FLORINE.

Moi, je suis faite ainsi, je ne saurais descendre.

ROSAMBERT.

C'est juste ! il faut avoir un peu d'ambition.

FLORINE.

Tenez, je me connais, moi ! ma vocation
Est d'avoir quelque jour cent mille francs de rente ;
Et, pour me marier, j'attends qu'il se présente
Un beau jeune homme, ayant de l'esprit et du goût.
Une grande fortune ! on en trouve partout.

ROSAMBERT.

Vous croyez ?

FLORINE.

O mon dieu ! chaque livre en abonde,
Et ceux qui les ont faits, connaissaient bien le monde.
Mais rien n'est plus commun.

ROSAMBERT , jouant l'air ingénu.

Eh ! bien, je l'ignorais !

FLORINE.

Vraiment ?

ROSAMBERT.

Que voulez-vous ? moi, je ne lis jamais.
Écoutez !.... Je connais quelqu'un, belle Florine,
Qui peut vous convenir ; du moins je l'imagine.
Toutes les qualités qu'il vous faut il les a :
Tenez, si vous voulez, j'arrangerai cela.

FLORINE.

Monsieur....

ROSAMBERT.

Il est fort bien !

FLORINE.

Je suis reconnaissante....

ROSAMBERT , se caressant le menton.

A peu près comme moi ! vous en serez contente.
A propos, dites-moi, Florine , et ce concert?

FLORINE.

Nous le donnons ce soir. Monsieur de Rosambert
Nous amènera-t-il sa sœur?

ROSAMBERT.

Vous voulez rire !

FLORINE.

Comment? je ne sais pas ce que monsieur veut dire.

ROSAMBERT.

Ma sœur ne peut aller chez de simples bourgeois.

FLORINE.

Mais, monsieur.....

ROSAMBERT.

Elle y vint par mégarde une fois ;
Elle en a bien assez!....

FLORINE , après un court silence.

Pourrons-nous vous attendre?

ROSAMBERT.

Mais, oui ; chez des marchands je crains peu de me rendre.
Quant à moi, je suis homme, et c'est bien différent !
Par exemple, avec eux , je sais tenir mon rang ;
Mais près de leurs moitiés, j'ai des formes polies ,

Et je ne suis pas fier.... quand elles sont jolies.
(lui passant la main sous le menton.)
Je prise deux beaux yeux partout !

FLORINE.

Que de bonté !
(à part.)
Ce monsieur est vraiment plein d'affabilité ;
Moi je l'aime beaucoup.

ROSAMBERT.

Dites-moi donc encore ;
Sur quel pied pensez-vous que je sois avec Laure ?

FLORINE.

Monsieur, elle vous aime et vous préfère à tout.

ROSAMBERT.

Cet enfant-là, Florine, a toujours eu du goût.

FLORINE.

Mais, de votre côté, vous sentez-vous pour elle
Une passion vive, ardente ?

ROSAMBERT.

Moi, ma belle ?
(froidement.)
J'ai, depuis bien long-temps, pris par réflexion,
Le parti de n'avoir jamais de passion.

FLORINE.

Quoi ! par réflexion ! est-ce que c'est possible ?

ROSAMBERT.

Sans doute. Dans le fond, je suis né très-sensible ;
Mais, comme notre amour est rarement payé,
Je m'en tiens, par prudence, à la tendre amitié.
Je me connais trop bien ! si j'aimais une femme,
Ce serait ardemment, et de toute mon ame !

Alors, les noirs soucis, le repentir, l'effroi,
La jalousie enfin s'emparerait de moi !
Les passions en feu tourmenteraient mon être !
Et qui sait même ? un jour j'épouserais peut-être !
Car, que ne fait-on point lorsque l'on aime, hélas!...
Voilà précisément pourquoi je n'aime pas.

FLORINE, à part.

Mais quel galimatias vient-il donc de me faire?....

ROSAMBERT.

J'entends venir quelqu'un. Chut! c'est Laure et sa mère.

SCÈNE VIII.

FLORINE, Mme DUPRÉ, LAURE, ROSAMBERT.

LAURE.

Ah ! vous voilà, monsieur ?

ROSAMBERT, saluant.

Empressé de vous voir...

LAURE.

Vous avez attendu ! j'en suis au désespoir.

Mme DUPRÉ, d'un air fin à Rosambert.

Ma fille était en train de faire sa toilette,
Et quand elle s'y met....

LAURE, à part.

Ma mère est indiscrète !

Mme DUPRÉ, à Florine.

Florine, vous avez affaire sûrement ?

FLORINE.

Toujours il faut sortir dans le plus beau moment.
Quel ennui !

(elle sort.)

SCÈNE IX.

Mme DUPRÉ, LAURE, ROSAMBERT.

Mme DUPRÉ, d'un ton gracieux.

J'ai, monsieur, un reproche à vous faire.

ROSAMBERT.

A moi?

Mme DUPRÉ.

Vous négligez beaucoup votre écolière;
On ne vous a pas vu depuis un jour ou deux.

ROSAMBERT.

Je n'ai pas pu venir, d'honneur!

Mme DUPRÉ.

Ah! c'est affreux!
Aussi, monsieur, sa harpe est-elle abandonnée;
Hier, elle n'a rien fait de toute la journée.

ROSAMBERT.

Mille pardons...

Mme DUPRÉ.

Tenez! j'en suis toute en courroux;
Elle n'a de plaisir à chanter qu'avec vous!

ROSAMBERT, mystérieusement.

Écoutez; car, au point où nous sommes ensemble,
Lorsque l'on est ami comme nous, il me semble
Que l'on doit tout se dire et tout se confier.

Mme DUPRÉ.

Eh! bien?

ROSAMBERT, bas.

Vous saurez donc qu'on veut me marier.

Mme DUPRÉ, bas à Laure.

Le marier! cela m'inquiète, ma chère.

LAURE, bas à madame Dupré.

Mon Dieu! ne craignez rien; c'est sans doute, ma mère,
Un sacrifice encor que son cœur fait au mien.

(haut à Rosambert.)

Et comment trouvez-vous la personne?

ROSAMBERT.

Fort bien.

LAURE, à part.

O ciel!

ROSAMBERT.

(Pendant la tirade qui suit, la figure de Laure se rembrunit
par degrés; elle prend un air boudeur, et s'éloigne graduelle-
ment du comte.)

C'est, je vous jure, une femme charmante;
La taille la plus fine et la plus séduisante,
Un regard pénétrant, un sourire enchanteur,
De l'esprit, des talents, une rare candeur;
La personne, en un mot, que l'on m'a proposée,
A toutes les vertus ..... mais je l'ai refusée.

LAURE, accourant vers lui.

Vous l'avez refusée?

ROSAMBERT.

(Pendant le couplet précédent, il s'est amusé de l'effet qu'il produisait
sur Laure. Quand elle revient, il la regarde tendrement.)

Eh! pouvais-je hésiter?
Un motif bien puissant m'empêcha d'accepter.
Vous ne.... devinez pas?

LAURE, baissant les yeux en souriant.

Moi? vraiment... non...

ROSAMBERT.

Cruelle !

Pouvez-vous ?....

Mme DUPRÉ, d'un air satisfait.

Oh ! bien, moi, je suis plus fine qu'elle ;
Je l'ai trouvé d'abord.

LAURE, à Rosambert.

Et ce motif enfin ?

ROSAMBERT.

C'est que je n'aurais pu lui donner que ma main.

Mme DUPRÉ, poussant sa fille.

Laure, entends-tu ?

ROSAMBERT.

C'était cependant une affaire
Très-brillante pour moi, m'a-t-on dit. Car son père
Eut une belle place, et l'on ne peut nier
Qu'il n'ait été, madame, un très-grand financier !
Il économisa cent mille francs de rente
Sur ses appointements qui n'étaient que de trente.
Oh ! c'est un homme d'ordre !

LAURE, à sa mère.

Ah ! je l'aurais juré,
Qu'il n'accepterait pas.

(à Rosambert.)

Que je vous en sais gré !

Mme DUPRÉ, comme frappée d'un trait de lumière.

Eh ! mais, puisqu'à présent vous n'avez rien à faire,

(avec attendrissement.)

Ça, mes enfants, un peu de musique !

LAURE.

Ma mère !

Mme DUPRÉ.

Laure, est-ce que toujours tu me refuseras?
Voilà deux jours au moins que vous n'en faites pas.

(à Rosambert.)

Voyons, monsieur, soyez plus raisonnable qu'elle.

LAURE.

Je suis fort enrhumée.

ROSAMBERT.

Allons, mademoiselle,
Laissez-vous attendrir.

Mme DUPRÉ , appelant.

Paul !

LAURE.

Eh! bien, quel morceau?

ROSAMBERT.

Si vous voulez, chantons le nocturne nouveau.

(On entend du bruit dans la coulisse.)

SCÈNE X.

Mme DUPRÉ , CLAIRE , LAURE , ROSAMBERT.

CLAIRE , à sa tante.

Le père de Duval arrive à l'instant même!
Brave homme! à le revoir mon plaisir est extrême!
Peut-il entrer? il est dans cet appartement.

Mme DUPRÉ, à sa fille.

Laure, qu'en penses-tu ?

LAURE.

Qu'il attende un moment.
Claire, tu le vois bien, nous sommes en affaire.
Nous voulons être seuls.

CLAIRE, avec douceur.

C'est l'ami de ton père !

(On entend un plus grand bruit dans la coulisse.)

DUVAL PÈRE.

J'entrerai.

UN VALET.

Non.

DUVAL PÈRE.

Si fait.

UN AUTRE VALET.

Cela ne se peut pas.

DUVAL PÈRE.

Vous êtes des coquins.

ROSAMBERT.

Eh ! bon dieu ! quel fracas !

DUVAL PÈRE.

Mais a-t-on jamais vu de pareils misérables ?

UN VALET.

On n'entre pas , vous dis-je.

DUVAL PÈRE.

Oh ! de par tous les diables,

J'entrerai !

SCÈNE XI.

Mᵐᵉ DUPRÉ , DUVAL père , CLAIRE , LAURE ,
ROSAMBERT.

DUVAL PÈRE, se faisant jour à coups de poing.

Ouf!... je suis le maître du terrain.

(secouant la main à madame Dupré.)

Bonjour, mère Dupré : je vous joins donc enfin....

Par ma foi, me voilà, mais ce n'est pas sans peine.

LAURE, à part.

Dieu ! quel ton !

DUVAL PÈRE.

Ils étaient une demi douzaine
Qui voulaient m'empêcher d'arriver jusqu'à vous.
Mais fiez-vous à moi, je les ai bourrés tous !...
Ces valets galonnés sont une sotte bande !
Que diantre font-ils donc ici ?

Mme DUPRÉ , se rengorgeant.

Belle demande !
Ce sont mes gens, monsieur.

DUVAL PÈRE.

Vos gens !... je n'y suis plus.

(riant aux éclats.)   (prenant un air respectueux.)

Quoi ! vous avez des gens !... Ah ! que je suis confus !
Pardonnez si j'ai pris la liberté, madame,
De rosser, comme il faut, vos gens.

ROSAMBERT , à part.

Eh ! sur mon ame,
Il est drôle !

Mme DUPRÉ.

Monsieur....

LAURE, à part.

J'éprouve un embarras.....!

ROSAMBERT , bas à Laure.

Quel est ce campagnard ?

LAURE, vivement à Rosambert.

Je ne le connais pas.

DUVAL PÈRE , à madame Dupré.

A propos, dites-moi, faites donc venir Laure.

ROSAMBERT, bas à Laure.

Mais, comment sait-il donc votre nom?

LAURE, bas.

Je l'ignore.

DUVAL PÈRE.

Je veux la voir, je veux l'embrasser.

CLAIRE, à M. Duval.

La voilà.

DUVAL PÈRE.

Pas possible!

CLAIRE.

Pardon, monsieur.

DUVAL PÈRE.

Eh! quoi, c'est là
Cette petite Laure... Oh! comme elle est grandie!
(à Laure, en la tirant brusquement par la main.)
Viens donc que je te voie... Elle est, ma foi, jolie.

LAURE, à part.

O Dieu! qu'il me déplaît!

DUVAL PÈRE.

Des yeux vifs et brillants!
(à madame Dupré.)
C'est tout votre portrait... quand vous aviez vingt ans.
(riant d'un gros rire.)
Car enfin... vous voyez, je suis toujours sincère.

ROSAMBERT, qui, pendant toute la scène, n'a cessé de rire de l'embarras des uns et de la rondeur de l'autre.

C'est vrai.

SCÈNE XII.

Mme DUPRÉ, DUVAL père, DUVAL fils, dans le fond,
CLAIRE, LAURE, ROSAMBERT.

DUVAL FILS.

Que fera-t-on de vos malles, mon père?

DUVAL PÈRE.

Dupré n'est pas ici; fais provisoirement
Porter tous mes effets dans son appartement.

(se tournant vers madame Dupré.)

Il doit être commode?

(rappelant son fils qui s'éloignait.)

Ah ! dis donc? je te prie.

DUVAL FILS, revenant.

Mon père...

DUVAL PÈRE.

Le cheval est-il dans l'écurie?
Il doit être fort las; dis qu'on en ait bien soin;
Et triple ration et d'avoine et de foin.

(se retournant vers les personnages qui sont en scène.)

C'est que j'ai, voyez-vous, une excellente bête.

LAURE, à part.

Quels ignobles détails! j'en ai mal à la tête.

DUVAL PÈRE.

Je ne voudrais pour rien au monde la céder;
Elle arrive aujourd'hui de Meaux sans débrider.

ROSAMBERT, à Laure.

Il est très-amusant.

DUVAL PÈRE, à Laure.

Eh bien, petite fille?..
Mais, viens donc m'embrasser...Corbleu! qu'elle est gentille!

ROSAMBERT, à part.

Oh, le drôle de corps!

LAURE, à sa mère.

Que cet homme est grossier!

Mme DUPRÉ, bas.

Traiter ainsi ma fille!

LAURE, toujours à sa mère.

Oser me tutoyer!

DUVAL PÈRE, à Laure, en croisant les bras.

Eh bien!..

CLAIRE, s'approchant de sa cousine.

Parle-lui donc.

DUVAL PÈRE, à Laure.

Je suis ton second père;
Je te vis naître enfin.

(à madame Dupré.)

N'est-il pas vrai, la mère?

(à Laure.)

Tu ne t'en souviens pas, ce temps est loin de nous;
Je t'ai fait autrefois sauter sur mes genoux.
Mais tu rougis.

(regardant autour de lui.)

Chacun garde ici le silence!
Que diable avez-vous tous?

LAURE, à part.

Ah! je perds patience.

DUVAL PÈRE, à Laure.

Quelle idée as-tu donc de te faire prier?

Eh! palsambleu! je vais t'embrasser le premier.

(Il s'approche en ouvrant les bras; Laure se retire.)

LAURE, avec dépit.

Je n'y tiens plus! Il faut à la fin que je sorte.

(Elle s'en va.)

Mme DUPRÉ, la suivant.

Fi, monsieur! pouvez-vous lui manquer de la sorte?

SCÈNE XIII.

DUVAL fils, DUVAL père, ROSAMBERT, CLAIRE.

DUVAL PÈRE.

Lui manquer!

CLAIRE, à part.

Ah! peut-on le traiter aussi mal!
Je ne l'aurais pas cru, vraiment.

ROSAMBERT, à Duval père.

Monsieur Duval!

DUVAL PÈRE.

Monsieur?

ROSAMBERT, d'un ton persiffleur.

Je suis, d'honneur, charmé de vous connaître.

(il lui frappe sur l'épaule.)

Vous êtes un brave homme, autant qu'on le peut être;
Et si je passe à Meaux, comme j'en ai l'espoir,
Certainement... j'aurai le plaisir de vous voir.

(Il sort.)

SCÈNE XIV.

DUVAL fils, DUVAL père, CLAIRE.

DUVAL PÈRE.

Eh bien, mon fils?

DUVAL FILS.

J'en suis plus confus que vous-même.
Vous trouverez en elle un changement extrême.

DUVAL PÈRE, se promenant à grands pas.

M'outrager à ce point !

DUVAL FILS.

Elle n'a rapporté
De son pensionnat que morgue et que fierté !

DUVAL PÈRE.

Me chasser de chez elle ! ah ! l'insulte est trop forte,
Et j'en aurai raison, ou le diable m'emporte.

CLAIRE.

Messieurs, de grâce, ayez moins de sévérité.
Oui, j'en conviens, elle a de la légèreté,
Et contre elle parfois elle met l'apparence ;
Mais il faut la juger avec plus d'indulgence.
Je la connais, vraiment vous êtes dans l'erreur ;
Je vous jure que Laure a toujours un bon cœur.

DUVAL FILS, à part, avec sentiment.

Chaque fois que je trouve un nouveau tort en elle,
Je vois à sa cousine une vertu nouvelle.

CLAIRE, à Duval père.

Monsieur, pour vous convaincre, un mot me suffira ;
Elle aime votre fils, il la corrigera.

DUVAL PÈRE, lui frappant sur l'épaule.

Par ma foi, tu m'as l'air, toi, d'une bonne fille.

(à son fils.)

Quelle est cette petite? Elle est, parbleu, gentille.

DUVAL FILS.

La cousine de Laure, une orpheline.

DUVAL PÈRE.

Ah! bon.

Ça, mon fils, je ne puis rester dans la maison,
Malgré tout mon desir d'éviter les scandales.
Dans un hôtel-garni je fais porter mes malles.
Allons-nous-en; je veux, quand Dupré reviendra,
Qu'il tance vertement ces péronnelles-là;
Et...

(en se retournant, il se trouve vis-à-vis de Claire.)

Ce n'est pas pour vous que je parle, ma bonne.
Vous êtes, j'en suis sûr, une brave personne;

(regardant son fils.)

Cette mise me plaît. Vous trouverez un jour
Un bon mari, je gage... Au revoir, mon amour.

(Il sort avec Duval.)

CLAIRE, seule.

Eh bien, j'aime beaucoup ce monsieur. Car, en somme,
Il ressemble à son fils, c'est un fort honnête homme.

FIN DU SECOND ACTE.

ACTE •III.

SCÈNE PREMIÈRE.

LAURE, CLAIRE, BABET.

CLAIRE, à sa cousine.

Mais pourquoi donc ainsi t'éloigner de Duval?
Pourquoi le rebuter? sais-tu que c'est bien mal?
Explique-toi; qu'a-t-il qui puisse te déplaire?
Il est bien fait, il est d'un fort bon caractère,
Aimant, doux, confiant; pour tout dire, en un mot,
Il est homme d'esprit.

LAURE.

Oui, ce n'est pas un sot.

CLAIRE.

Mais sais-tu qu'il en a, j'ose ici te le dire,
Beaucoup plus que monsieur Rosambert?

LAURE.

Tu veux rire.

CLAIRE.

Eh! bien, voilà pourtant comme on juge les gens,
On leur croit moins d'esprit quand ils ont du bon sens.
Son rival est peut-être un homme fort aimable,

Mais crois bien qu'à Duval il n'est pas comparable.
Peux-tu le dédaigner? ah! lorsque tu le vois,
Quand ton oreille entend le doux son de sa voix,
Qu'il t'adresse un regard, une expression tendre,
Comment ne pas l'aimer? je ne puis le comprendre.

LAURE, *la regardant avec surprise.*

Mon Dieu, Claire, quel feu tu mets dans tes discours!

CLAIRE, *souriant avec embarras.*

En effet.... en parlant.... je m'anime toujours....
Laure, tu ne sais pas jusqu'où va sa tendresse!
De toi, de son amour, il m'entretient sans cesse.

BABET, *à Laure.*

C'est tout comme avec moi. J'en parle savamment,
Il se plaignait encor de vous dans le moment!
Il vous aime beaucoup, je vous assure.

LAURE, *à sa cousine.*

Écoute.
Pour Duval, je n'ai pas d'éloignement sans doute,
Et j'aurais du plaisir à lui donner ma main,
S'il avait un état brillant, honnête enfin.

CLAIRE, *à Laure.*

Dans ton choix ne sois pas légère, je t'en prie.
Songe bien qu'il y va du bonheur de ta vie,
Et ne t'expose pas à d'éternels regrets.

(tendrement, en lui prenant la main.)

Promets-moi d'y penser.

LAURE, *lui serrant affectueusement la main.*

Oui, je te le promets.
J'ai toujours à Duval rendu pleine justice;
Ah! crois bien qu'il s'en faut que mon cœur le haïsse!

BABET, bas à Claire.

Eh bien! qu'en dites-vous? tout ne va plus si mal.

CLAIRE, bas aussi.

Je vais vite, Babet, en prévenir Duval.
J'ai déjà pu suspendre un projet si funeste;
Qu'il vienne, et sa présence ici fera le reste.

BABET, bas à Claire, en voyant entrer Florine.

Tout changera bientôt, du moins j'en ai grand'peur;
Car je vois arriver le démon tentateur.

(Claire sort. Babet s'appuie sur un fauteuil et écoute la scène
suivante.)

SCÈNE II.

LAURE, FLORINE, BABET.

LAURE.

(à part.)   (haut.)

C'est Florine, je crois. Qu'avez-vous donc encore?
Quel air évaporé!...

FLORINE, tout essoufflée.

Mademoiselle Laure....
Si vous saviez!....

LAURE.

Qui peut vous troubler le cerveau?
Avez-vous encor lu quelque roman nouveau?

FLORINE.

Ah!.... bien mieux que cela!... j'arrive de la ville,
Du faubourg Saint-Germain, où j'ai vu la Sibylle.

LAURE.

Consulter les devins! vous perdez donc l'esprit?

(vivement.)

C'est être bien enfant! Que vous a-t-elle dit?

FLORINE.

Vous voyez tous les jours une jeune personne
Dont les talents étaient dignes d'une couronne.
Cultivez-la ; sachez que, vous tendant la main,
Elle doit des grandeurs vous ouvrir le chemin !
A devenir princesse avant peu destinée,
Elle vous fera faire un brillant hyménée !

LAURE,   avec étonnement.

C'est singulier ! j'ai fait un rêve cette nuit,
Absolument semblable à ce qu'on vous prédit ?....
Oui, j'avais pour époux un grand seigneur, un prince !
Je pouvais disposer de toute une province,
J'avais des revenus, un trône, des sujets,
Je faisais mon séjour dans un riche palais !
Florine, vous étiez auprès de ma personne,
Vous m'aidiez à porter le poids de ma couronne ;
Et lorsqu'enfin Babet vint m'annoncer le jour,
Vous alliez épouser un des grands de ma cour.

FLORINE.

Cette coïncidence est vraiment singulière !....

LAURE.

Florine, votre tête est trop vive, ma chère.
Un songe annonce-t-il toujours la vérité ?
Moi, je suis loin d'avoir votre crédulité.
Tenez, quand, par exemple, au lieu d'être princesse,
Je serais... simplement ou marquise ou comtesse,
J'en serais peu surprise, à parler franchement ;
Et même.... je pourrais m'en contenter vraiment.
J'ai peu d'ambition.

FLORINE , avec transport.

Non, le sort nous rassemble,
Et nous allons marcher à la fortune ensemble.

LAURE, à part.

Ensemble est plaisant.

(prenant un air pincé.)

    Oui, dans la prospérité,
Je ne veux pas montrer de morgue, de fierté.
J'ai toujours eu pour vous quelque peu de tendresse :
Je vous protégerai. Quand je serai comtesse,
Je vous fais épouser quelqu'un de mes fermiers.

FLORINE, avec dédain.

Un fermier ! mais voilà des projets singuliers !
Je n'en veux pas.

LAURE.

Pourquoi ?

FLORINE.

     Mais, je puis, j'imagine,
Trouver mieux.

LAURE, d'un air digne.

   En ce cas, je vous donne, Florine,
Un de mes intendants.

FLORINE.

   Comment ! plaisantez-vous ?
Jamais un intendant ne sera mon époux.

LAURE.

Elle a de la fierté, la petite personne !

FLORINE.

Si vous êtes comtesse, on peut être baronne :
C'est bien le moins, je pense.

LAURE, élevant la voix.

     Eh ! mais, un intendant
Serait pour vous, ma chère, un parti très-brillant.
Entendez-vous ?

FLORINE, *l'élevant davantage.*

Tenez, je suis peu patiente ;
Ne me piquez pas trop.

LAURE, *très-haut.*

Je vous trouve plaisante !

BABET.

Eh ! mais, mon Dieu, que diantre avez-vous mes enfants ?

FLORINE.

Elle veut que j'épouse un de ses intendants !
Moi, je ne le veux pas.

BABET.

Mais vous êtes donc folles ?
Que voulez-vous donc dire avec ces fariboles ?

FLORINE.

Qu'il ne soit pas baron ou comte, à la rigueur,
J'y consens ! mais, du moins, qu'il ait la croix d'honneur.

LAURE.

La croix d'honneur ! Babet, elle est très-amusante !

BABET.

Ma foi, je dirai plus, elle est extravagante.
Cette discussion est plaisante, d'honneur !
Et, si j'avais le temps, j'en rirais de bon cœur.

(*Elle sort.*)

SCÈNE III.

LAURE, FLORINE.

LAURE.

Voici Duval.

FLORINE.

Quel homme ! il vous poursuit sans cesse !
Il va nous ennuyer encor de sa tendresse.

LAURE.

Laissez-moi, vous verrez que je parle sans fard :
De mon *ultimatum* je vais lui faire part.

SCÈNE IV.

LAURE, DUVAL, FLORINE.

DUVAL.

Laure, mettez un terme à mon incertitude,
Et finissez, de grâce, un supplice trop rude.
Depuis assez long-temps, je le vois chaque jour,
Du dédain le plus froid vous payez mon amour.
Veuillez enfin répondre avec franchise : Laure,
Dois-je vous perdre, ou bien puis-je espérer encore ?

LAURE.

Puisque vous exigez des explications,
Je vais vous informer de mes intentions ;

(impérieusement.)

Prêtez-moi, je vous prie, une oreille attentive !
J'ai des talents, monsieur, qu'il faut que je cultive.
J'aime les arts, on peut avouer de tels goûts,
Et je veux me livrer à des penchants si doux.

D'après cela, je crois, vous devez bien comprendre
Qu'à des soins vétilleux je ne puis pas descendre ;
Il faudra là-dessus se faire une raison :
Monsieur, je n'aurai pas de temps pour la maison.
L'été, je veux trois mois demeurer dans ma terre ;
Mais je n'exige pas qu'avec moi l'on s'enterre ;
On peut rester. Pour moi, j'aime la paix des champs ;
Là, les plaisirs sont vrais, purs, simples et touchants.
Paris, vous le savez, veut une autre existence ;
Aussi, j'y montrerai de la magnificence.
Le luxe est, nous dit-on, utile ; eh bien ! je veux
En avoir beaucoup, j'aime à faire des heureux.
En tout lieu, pour le ton, je veux être citée,
Il me faut des chevaux, une maison montée ;
Enfin, je veux avoir.... ce que tout le monde a,
Une loge aux Bouffons, ou bien à l'Opéra.
Comme vous le voyez, de peu je me contente !
Jamais femme, je crois, ne fut moins exigeante.
Des affaires, d'ailleurs, je ne me mêle en rien !
Mon mari, comme il veut, peut amasser du bien.
En revanche !.... je veux diriger la dépense,
Et prétends là-dessus avoir pleine licence.
Offrez-moi tout cela, dans huit jours, dès demain,
Et je vous aime assez pour vous donner ma main.

(Elle finit en faisant une révérence.)

DUVAL FILS, avec beaucoup de calme.

Laure, je vous sais gré d'avoir cette franchise !
Je vois au moins de qui mon ame était éprise.
Oui, tous vos procédés, et l'aveu que j'entend
M'ouvrent enfin les yeux, je m'éloigne content.

(Il sort.)

SCÈNE V.

LAURE, FLORINE.

LAURE, *le regardant partir.*

Il part!... pauvre jeune homme! il me fait de la peine.

FLORINE.

Et pour quelle raison?

LAURE.

Il faut que j'en convienne,
Je l'ai brusqué peut-être. Est-ce sa faute, enfin,
S'il n'a pas ce qu'il faut pour prétendre à ma main?
Il m'aime! aurais-je dû le blesser?

FLORINE.

Eh! qu'importe?
Après tout, s'il fallait s'attendrir de la sorte
Sur tous les malheureux qu'on peut faire ici bas,
Ma foi, mademoiselle, on n'en finirait pas.

SCÈNE VI.

LAURE, Mme DUPRÉ, FLORINE.

Mme DUPRÉ, *toute pimpante.*

(en se rengorgeant.) (à part, sans voir sa fille ni Florine.)

J'ai terminé! L'on va me trouver bien, j'espère!

LAURE, *se retournant.*

C'est vous! mais allez donc vous habiller, ma mère.

Mme DUPRÉ, *stupéfaite.*

Que j'aille m'habiller! tu ris assurément.

LAURE.

Moi! pas du tout; on va venir dans un moment,
Et vous ne pouvez pas vous montrer de la sorte.

Mme DUPRÉ.

Comment donc! mais j'ai mis ma robe feuille-morte.
Voyons, regarde-moi! ne suis-je pas très-bien?

FLORINE.

Parfaitement, madame; il ne vous manque rien.

Mme DUPRÉ, présentant une lettre à Laure.

A propos, mon enfant, je veux te faire lire....

LAURE.

Une lettre?

Mme DUPRÉ.

A l'instant on vient de me l'écrire.

LAURE.

Et qui donc, s'il vous plaît?

Mme DUPRÉ.

La comtesse d'Orval.

LAURE.

Elle qui, ce matin, m'a traitée aussi mal!

Mme DUPRÉ.

Lis son billet, ma fille, et tu seras contente.

LAURE, lisant.

Une invitation!

Mme DUPRÉ.

Oui, sa lettre est charmante.

LAURE, souriant.

A la bonne heure! au moins, je la reconnais là.

FLORINE, à part, finement.

C'est le frère qui vient d'arranger tout cela.

LAURE.

Elle a senti ses torts, j'en étais bien certaine !
Ainsi, nous allons donc y passer la semaine ;
Sans doute nous verrons monsieur de Rosambert.
Mais qu'entends-je? Ah! ce sont les apprêts du concert.

Mme DUPRÉ.

Il faut nous préparer à recevoir, ma bonne.

LAURE.

Oui, ma mère; allons voir s'il n'est venu personne.

SCÈNE VII.

FLORINE, seule.

A la fin, on commence à pouvoir vivre ici,
On s'amuse, on reçoit! c'est fort bien fait aussi;
On ne peut se former qu'en voyant le grand monde.
Mais quelle est cette voix qui tempête et qui gronde?

SCÈNE VIII.

FLORINE, M. DUPRÉ, DUVAL PÈRE.

M. DUPRÉ.

Eh bien! mon cher, je prends fait et cause pour toi;
Suis mes pas, je te vais réinstaller chez moi.
On t'a mal accueilli!

DUVAL PÈRE.

Mais très-mal, je te jure.

M. DUPRÉ.

A mon ancien ami faire une telle injure!
Ah! j'en suis indigné.

FLORINE, *les apercevant.*

Que veulent ces gens-ci?

M. DUPRÉ.

Ah! combien ma présence est nécessaire ici!....

(apercevant Florine.)

Mais quelle est cette femme?

DUVAL PÈRE.

Attends donc! je soupçonne,
A son nez retroussé, que c'est une friponne.

(très-haut à Florine.)

Écoute ici; dis-moi, la belle enfant, peut-on
Voir bientôt ta maîtresse?

FLORINE, *d'un air piqué.*

Ah! fi, monsieur, quel ton!
Ma maîtresse! parlez un peu mieux, je vous prie,
Et sachez que je suis dame de compagnie!

DUVAL PÈRE, *riant aux éclats.*

Dame de compagnie! ah! ah! le titre est beau!

M. DUPRÉ.

Mais oui, chez moi, ce titre est piquant et nouveau.

DUVAL PÈRE.

Qui que tu sois, ou dame, ou suivante, il n'importe,
Annonce-nous, ou bien que le diable t'emporte!
Entends-tu, mon enfant!

FLORINE, *à part.*

Que cet homme est brutal!
Messieurs, vous n'êtes pas en toilette de bal:
Vous ne pouvez entrer.

DUVAL PÈRE, *à son ami.*

Chez toi! sur ma parole,
Elle rêve.

FLORINE.

Avez-vous vos billets?

DUVAL PÈRE.

Elle est folle!

FLORINE.

Pour juger si je puis vous introduire ou non ,
Du moins vous voudrez bien me dire votre nom?

(Ils se regardent.)

M. DUPRÉ , à Florine.

Mon nom ?

FLORINE.

Mais oui, monsieur, que voulez-vous ?

M. DUPRÉ , gravement.

Madame,
Je veux avoir l'honneur de parler.... à ma femme....
Madame Dupré.

FLORINE.

Ciel!

M. DUPRÉ.

Je veux l'entretenir,
Aussi-bien que ma fille ; allez les prévenir.

FLORINE, poliment.

Oui, monsieur.

(Elle sort.)

SCÈNE IX.

M. DUPRÉ, DUVAL PÈRE.

M. DUPRÉ.

Ça , mon cher, il faut de la prudence,
Et ce n'est pas ton fort ! je te le dis d'avance ,

Je vais avoir ici des explications.
Si tu restes, j'y mets quelques conditions.

DUVAL PÈRE.

Mon dieu, tu peux parler sans préface, je pense.
Que faut-il?

M. DUPRÉ.

T'en aller, ou garder le silence.

DUVAL PÈRE, étonné.

Comment ?

M. DUPRÉ.

Je veux du calme, entends-tu? Je suis, moi,
Partie intéressée, et j'en ai plus que toi.

DUVAL PÈRE.

Eh! bien.... soit.

M. DUPRÉ.

Ainsi donc, tu seras impassible?

DUVAL PÈRE.

Je me tairai : je crois que la chose est possible.
Mais, qu'entends-je? ce sont des instruments, ma foi.

(Musique.)

M. DUPRÉ.

La petite a dit vrai, l'on donne bal chez moi.

SCÈNE X.

LAURE, M. DUPRÉ, Mme DUPRÉ, DUVAL PÈRE.

LAURE , s'élançant vers son père.

Ah! mon père, c'est vous!

M. DUPRÉ , l'embrassant tendrement.

Bonjour, ma chère Laure;
Bonjour.

LAURE.

Ah ! laissez-moi vous embrasser encore.

Mme DUPRÉ , l'embrassant aussi.

D'un aussi prompt retour nous n'avions pas l'espoir.

M. DUPRÉ.

Ma femme , mon enfant , qu'il m'est doux de vous voir !

(à madame Dupré.)

Mais expliquez-moi donc une chose , de grâce ;
Que fait-on en ces lieux , et qu'est-ce qui s'y passe ?
En vérité , tout est bouleversé chez nous.

Mme DUPRÉ.

Tout est bouleversé ! monsieur , que dites-vous ?

M. DUPRÉ.

J'entends de tout côté un tapage effroyable ;
D'où provient , dites-moi , ce désordre incroyable ?
Des flûtes , des haut-bois , des cors ; c'est un enfer.

Mme DUPRÉ , d'un air de satisfaction.

C'est qu'aujourd'hui , monsieur , nous donnons un concert.

DUVAL PÈRE , haut.

Un concert ! c'est plaisant.

M. DUPRÉ.

(à son ami.)   (à sa femme.)

Duval !...Nos marchandises ,
Dans la cour , en plein air , madame , ont été mises ;
Et , jugez si j'en dois être contrarié ,
Il a plu ce matin , tout est avarié.

Mme DUPRÉ.

J'en suis au désespoir ! croyez qu'au fond de l'ame...

M DUPRÉ.

Pourquoi les faire ôter des magasins , ma femme ?

Mᵐᵉ DUPRÉ.

Mais il l'a bien fallu.

M. DUPRÉ.

La raison?

Mᵐᵉ DUPRÉ.

Il nous sert;
Nous en faisons, ce soir, la salle de concert.

M. DUPRÉ.

La salle de concert!

Mᵐᵉ DUPRÉ.

Monsieur... ce ton... j'ignore....

M. DUPRÉ.

Mais, si vous permettez, ce n'est pas tout encore.
Je vois, dans la maison, du haut jusques en bas,
Un riche mobilier que je ne connais pas.
Les meubles réformés me venaient de mon père;
J'y tenais! en quoi donc ont-ils pu vous déplaire?
Pourquoi, sans mon aveu, sont-ils changés partout?

Mᵐᵉ DUPRÉ.

Laure n'a pas trouvé qu'ils fussent de bon goût.

M. DUPRÉ.

Ah! parbleu, la raison me paraît excellente!
Mais une chose aussi m'a semblé surprenante,
Et même je ne puis encor la concevoir!
En arrivant ici, je viens d'apercevoir
Deux valets à livrée, et pleins d'impertinence;
Est-ce qu'ils sont à moi?

Mᵐᵉ DUPRÉ , embarrassée.

Mais, monsieur... je le pense.

M. DUPRÉ.

Comment, il se pourrait!... et que sont devenus
Nos anciens serviteurs?

Mme DUPRÉ.

Nous ne les avons plus.

M. DUPRÉ.

Mais, pour la probité, c'étaient des gens uniques!

Mme DUPRÉ.

Oui, j'en conviens, c'étaient d'excellents domestiques;
Mais....

M. DUPRÉ.

Mais, pour les chasser, quel motif avait-on?

Mme DUPRÉ.

Laure n'a pas trouvé qu'ils fussent de bon ton.

M. DUPRÉ.

De bon goût, de bon ton! mais vous êtes donc folles,
De venir me payer de ces contes frivoles?
J'ai bien affaire, moi, de bon ton, de bon goût!
Ma caisse, avec cela, ne s'emplit pas du tout.
Ma femme, terminons, s'il vous plaît, ce désordre;
Je prétends aujourd'hui que tout rentre dans l'ordre.
(Monsieur Duval vient le féliciter.)

Mme DUPRÉ.

Avant de nous blâmer, monsieur, écoutez-nous,
Et laissez-moi, du moins, m'expliquer avec vous.
Vous êtes étonné que, pendant votre absence,
La maison ait acquis un peu plus d'apparence.
Cet heureux changement, monsieur, est résulté
D'un plan que, Laure et moi, nous avons adopté.

M. DUPRÉ.

Ce plan , que vous avez exécuté d'avance ,
Daignerez-vous, du moins, m'en donner connaissance ?

Mᵐᵉ DUPRÉ.

Laure est jolie , elle a de l'esprit et du goût ,
Elle sait le dessin , la musique, enfin tout ;
(Duval père s'éloigne en éclatant de rire , et revient immédiatement.)
Elle danse à merveille ; il est clair que ma fille
Doit trouver un époux d'une illustre famille.
Pour l'aider à remplir le destin qui l'attend ,
Vous le sentez, monsieur, il est très-important
Que nous lui ménagions les moyens de paraître ;
Tâchons, en bons parents, de la faire connaître.
A cet effet, il faut que nous donnions, je crois,
Deux concerts par semaine et trois dîners par mois.
Nous avons arrangé ce petit plan ensemble ;
Voilà notre projet, monsieur ; que vous en semble ?

M. DUPRÉ.

Mais quel mauvais esprit souffle sur ma maison ?
Vraiment, ma pauvre femme a perdu la raison.
(Mouvement de Duval, comprimé par M. Dupré.)
Qu'une jeune personne, ambitieuse et fière,
Qui voit, dans les romans, un monde imaginaire,
Et qui s'est figuré que ce monde est réel,
Pense que les maris vont lui tomber du ciel ;
Je le conçois très-bien ! Mais vous, vous ! à votre âge !
Vous, mère de famille ! et femme de ménage !
L'habitude du monde et la réflexion
Devraient vous garantir de cette illusion.
Ah ! rarement celui qui vit dans l'opulence ,
Choisit sa femme au sein d'une modeste aisance.

Le siècle est positif! tous les jours on le voit;
On sait ce que l'on donne, on sait ce qu'on reçoit.

(Monsieur Duval vient lui frapper sur l'épaule.)

Mme DUPRÉ.

Oui, votre opinion est raisonnable et sage,
Et même, je l'avoue ici, je la partage.
Mais convenez aussi, monsieur, que les talents
Sont la plus belle dot qu'on donne à ses enfants.
Ce sont eux bien souvent qui font les alliances,
Et l'éducation rapproche les distances !

M. DUPRÉ.

Dieu! quel style pompeux !

Mme DUPRÉ.

    N'en soyez pas surpris,
Ce langage est de vous, vous me l'avez appris.

M. DUPRÉ.

Y pensez-vous? qui, moi?

Mme DUPRÉ.

    Monsieur, j'applique à Laure
Ce que dernièrement vous m'écriviez encore
Au sujet d'Amédée. Aussi l'avez-vous mis
Dans l'un des plus brillants colléges de Paris.

M. DUPRÉ.

Sans doute; mais, madame, un père de famille
Doit élever son fils autrement que sa fille.
La différence est grande, et cela se conçoit:
L'homme fait son état, la femme le reçoit.

Mme DUPRÉ.

Ainsi, coudre et filer, s'occuper du ménage,
Si je vous ai compris, voilà notre partage;
Les arts seront pour vous.

M. DUPRÉ.

Vous ne m'entendez point ;
Je ne suis point injuste et barbare à ce point.
Ce sont les arts qui font le charme de la vie.
Et par eux une femme est toujours embellie.
Votre sexe avec nous peut bien les partager ;
Rien d'aimable ne doit lui rester étranger ;
Il est doux de trouver dans une épouse chère
Des arts consolateurs qui sachent nous distraire,
De pouvoir, sans quitter son modeste séjour,
Se reposer le soir des fatigues du jour.
Ayez donc des talents ! Mais il est nécessaire
Qu'on en fasse un plaisir, et non pas une affaire.
Chacun veut aujourd'hui briller, voilà le mal !
Ce vice est parmi nous devenu général ;
Il est dans tous les rangs. Le marchand le plus mince
Élève ses enfants comme des fils de prince ;
Sa fille, qu'en tous lieux il se plaît à vanter,
N'entend rien au ménage, et ne sait pas compter ;
En revanche elle fait des vers, de la musique,
Et l'on trouve un piano... dans l'arrière boutique.
Mais je veux maintenant traiter un autre objet.
J'ai besoin de parler de l'accueil qu'on a fait
A ce brave Duval.

DUVAL PÈRE, s'avançant d'un air de triomphe.

Ah !

M. DUPRÉ.

Savez-vous, madame,
Que vous l'avez blessé jusques au fond de l'ame,
Que vos torts sont affreux, et que, de mon côté,
Dans mon vieux compagnon je me trouve insulté ?
Mais vous avez chez vous une brillante fête,

Et sans doute déjà votre absence inquiète.
Il ne faut pas laisser soupçonner seulement
Mon retour, et surtout mon mécontentement.
Bien que tous ces gens-là partagent vos folies,
Ils sont chez moi ! je veux que vous soyez polies ;
Allez les retrouver. Demain nous nous verrons,
Et je vous ferai part de mes intentions.

DUVAL PÈRE.

(Madame Dupré s'éloigne ; M. Duval va la prendre par la main, et la ramène.)

Un moment. Moi, je vais vous parler pour mon compte.

M. DUPRÉ.

Duval...

DUVAL PÈRE, à son ami.

Je n'y tiens plus.

(à madame Dupré.)

N'avez-vous pas de honte,
A quarante-cinq ans, de vous conduire ainsi ?

LAURE.

Ciel ! encore une scène ! Éloignons-nous d'ici.

(Elle fuit.)

Mme DUPRÉ.

Mais cet homme est donc fou !

SCÈNE XI.

M. DUPRÉ, Mme DUPRÉ, DUVAL père.

M. DUPRÉ.

Mon cher ami, de grâce!...

DUVAL PÈRE.

Tiens, tu n'es, je le vois d'après ce qui se passe,
Qu'une poule mouillée. On va savoir, corbleu,
De quel bois je me chauffe, et vous verrez beau jeu.

(s'approchant de madame Dupré.)

Madame, qui voulez fréquenter la noblesse,
Qui prenez de grands airs, et faites la princesse,
Faut-il vous rappeler notre origine à tous?
Nous avons commencé par n'avoir pas deux sous.

Mme DUPRÉ.

Mais...

DUVAL PÈRE, l'interrompant.

Oui, deux sous, madame, et je n'en rougis guères;
Il vaut mieux tout devoir au travail qu'à ses pères.
Nos enfants en sauront plus long que nous; pourtant,
Ils vaudront beaucoup moins, s'ils n'en font pas autant.
Voulez-vous que Duval épouse votre Laure?
Malgré tout, je puis bien y consentir encore;
Je suis prêt à signer le papier timbré. Mais
Je vais vous détailler les clauses que j'y mets :
Comme il faut que ma bru soit une ménagère,
On voudra bien changer de ton et de manière.
Ainsi, plus d'attirail ici; je veux lui voir,
Au lieu de garniture, un bon tablier noir.

Mme DUPRÉ.

Ah ! fi, monsieur ! l'horreur !

DUVAL PÈRE.

                        Je veux qu'elle dirige
Tout son monde ; je veux, si le besoin l'exige,
Qu'elle mette la main à la pâte, et parfois
Qu'elle ne craigne pas de se salir les doigts.
Voilà comme faisait ma défunte !... Madame,
Si cela vous convient, parlez ; elle est sa femme.
Autrement, serviteur ; c'est là mon dernier mot.

                    .(serrant la main à M. Dupré.)

Adieu, mon vieux. Je vais me coucher. A tantôt.

                        (Il sort.)

SCÈNE XII.

M. DUPRÉ , Mme DUPRÉ.

M. DUPRÉ.

Ma femme, ce qu'il dit (à part sa brusquerie)
Est fort judicieux ; pensez-y, je vous prie.

FIN DU TROISIÈME ACTE.

ACTE IV.

SCÈNE PREMIÈRE.

CLAIRE, seule.

Je le vois, c'est en vain que j'essaîrais encore
De ramener Duval ou de corriger Laure.
Ma cousine persiste à repousser mes soins,
Et Duval à l'aimer tous les jours un peu moins.....
Ah! qu'il m'eût été doux de voir ce mariage!
Il n'y faut plus penser, je le sens; quel dommage!
Duval, près de mon oncle, eût fixé son séjour,
Et j'aurais le plaisir de le voir chaque jour....
Il est sorti, je crois, pour éviter ma tante!
En effet, sa tendresse est parfois fatigante;
Toujours devant sa fille on la voit à genoux!
Mais, j'aperçois Duval.....

SCÈNE II.

CLAIRE, DUVAL FILS.

CLAIRE.
Ah! monsieur, qu'avez-vous?

DUVAL FILS, l'air mécontent.
Je rencontre partout un travers que j'évite;
Ah! que je viens de faire une sotte visite!

CLAIRE.

A qui donc, s'il vous plaît?

DUVAL FILS.

Je vous ai dit, je crois,
Qu'on allait marier mon frère dans un mois.
Je ne connaissais pas encor la jeune fille ;
Nous avons du malheur vraiment dans la famille !

CLAIRE.

Comment cela?

DUVAL FILS.

Je viens de la voir ce matin.

CLAIRE.

Eh bien ! est-elle aimable?

DUVAL FILS, avec humeur.

Elle sait le latin.....
Elle lit Cicéron, comme je lis Voltaire !

CLAIRE.

Cicéron ! ! !

DUVAL FILS.

Quant à moi, je l'ai dit à mon frère,
J'aimerais mieux cent fois perdre à jamais mon nom,
Que d'épouser quelqu'un qui comprît Cicéron.

CLAIRE.

Par ce trait satyrique, au moins je l'imagine,
Vous attaquez encor cette pauvre cousine ;
Vous avez tort. Son père est ici ; je crois bien
Qu'il la corrigera.

DUVAL FILS.

Son père n'y peut rien.
Détruira-t-il l'espoir dont son orgueil se berce,
Et ce dédain profond qu'elle a pour le commerce?

CLAIRE.

Mais l'âge, la raison....

DUVAL FILS.

Je m'en étais flatté ;
Mais que peut la raison contre la vanité ?
N'attendez rien d'une ame avide, ambitieuse.

CLAIRE.

Vous êtes trop sévère !

DUVAL FILS.

Et vous trop généreuse.
Ses procédés pour vous sont-ils bien délicats ?
Ses torts à votre égard....

CLAIRE, l'interrompant.

Je ne les connais pas.
Ma cousine, en cela vous me croirez peut-être,
N'est jamais avec moi que ce qu'elle doit être.

DUVAL FILS.

Vous la justifiez ! Ah ! ce trait généreux
Rend sa conduite encor plus blâmable à mes yeux.
Pourquoi n'est-ce pas vous que je vis la première !
Que je serais heureux, aimable et bonne Claire,
Si vous aviez fait naître un sentiment si doux,
Ou si votre cousine était semblable à vous !

CLAIRE, émue.

(à part.)   (haut.)

Qu'entends-je ? Adieu, monsieur; mon ouvrage m'appelle,
Et je suis en retard.

DUVAL FILS.

Que vous êtes cruelle !
Claire, restez encore ! abandonné de tous,
Je n'ai qu'un seul plaisir, celui d'être avec vous.

CLAIRE.

Voici mon oncle ; il sait que j'ai beaucoup à faire ,
Je pars. Adieu , Duval.

DUVAL, lui baisant la main.

Adieu , ma chère Claire ,
Adieu.... combien elle a de vertus et d'attraits !

SCÈNE III.

DUVAL fils , M. DUPRÉ.

M. DUPRÉ, entrant.

C'est toi, Duval ?

DUVAL FILS , saluant.

Monsieur.

M. DUPRÉ.

Mon cher ami , permets
Qu'ici je parle seul un instant à ma femme.
Je soupçonne qu'elle a quelque chagrin dans l'ame.
Et......

DUVAL FILS.

Volontiers , monsieur.

(Il sort.)

SCÈNE IV.

M. DUPRÉ, Mme DUPRÉ.

M. DUPRÉ , à sa femme qui entre.

Mais qu'as-tu donc enfin ?
D'où te vient cet air sombre et rêveur ce matin ?

Mme DUPRÉ.

Je ne puis vous le dire.

6

M. DUPRÉ.

Et la raison ?

Mme DUPRÉ.

Je n'ose ;
J'aurais mauvaise grâce à vous conter la chose,
Car vous me blameriez, j'en suis sûre.

M. DUPRÉ.

Pourquoi ?
Ma femme, sois un peu confiante avec moi ;
Parle-moi franchement, et sois bien assurée....

Mme DUPRÉ.

C'est qu'hier j'ai passé la plus triste soirée !
De faire les honneurs on m'épargna le soin,
Et, pendant tout le bal, je restai dans un coin.
En vain j'ai plusieurs fois essayé de paraître,
Les femmes avaient l'air de ne me pas connaître ;
Et quant aux jeunes gens, pas les moindres égards !
Ma fille seule était digne de leurs regards,
Et ces jolis messieurs, couverts de musc et d'ambre,
Semblaient ne voir en moi que sa femme-de-chambre.
Heureuse d'attirer les yeux de toute part,
Laure, de son côté, m'a laissée à l'écart ;
Elle n'a pas daigné s'occuper de sa mère.

M. DUPRÉ, avec douceur.

D'un orgueil insensé punition amère !
C'est vous même, ce sont vos bienfaits imprudents,
Qui la font aujourd'hui rougir de ses parents.

Mme DUPRÉ.

Qu'entends-je ?

M. DUPRÉ.

Avez-vous cru, quand vous flattiez en elle

Une coquetterie, hélas ! bien naturelle,
Lorsque vous allumiez sa jeune ambition,
Qu'elle résisterait à la séduction ?
Ah ! ce piége, ma femme, en eût perdu mille autres.
Ne lui reprochez point des torts, qui sont les vôtres ;
Vous n'avez pas le droit de vous mettre en courroux,
Vous seule avez tout fait ; n'en accusez que vous.

Mme DUPRÉ.

(après avoir été quelques moments interdite.)

Eh ! bien.... voilà comment toujours on exagère.
Je ne dis point que Laure ait rougi de sa mère ;
Au milieu du fracas, je me plains seulement
Que ma fille... ait paru m'oublier un moment.

M. DUPRÉ.

Mais à propos, dis-moi, qu'est-elle devenue ?

Mme DUPRÉ.

Qui ?

M. DUPRÉ.

Laure. Il est une heure, et je ne l'ai pas vue.

SCÈNE V.

LAURE, M. DUPRÉ, Mme DUPRÉ.

M. DUPRÉ , à sa fille, qui est entrée pendant qu'il parlait.

D'où viens-tu ?

LAURE.

De chez moi, mon père.

M. DUPRÉ.

De chez toi !..

Logerais-tu , ma fille, autre part que chez moi ?

Mme DUPRÉ.

(à sa fille.)

Vous ne comprenez pas. Explique-toi, ma chère.

LAURE.

C'est mon appartement que je quitte, mon père.

M. DUPRÉ.

Ah ! je conçois, tu viens de ta chambre !... il suffit.
Mais, dis-moi, par hasard, sortirais-tu du lit ?

LAURE, d'un air aisé.

Précisément ! j'en sors, contre mon ordinaire.
En général, je suis matinale, au contraire ;
C'est une exception. Tenez, presque toujours
Je me lève à midi. Mais, depuis quelques jours,
Je ne me sens pas bien ; demandez à ma mère.

Mme DUPRÉ, vivement.

C'est vrai.

M. DUPRÉ, ironiquement.

J'avais donc tort de t'accuser, ma chère.
Tu te lèves toujours à midi ? c'est charmant !
Permets que je t'en fasse ici mon compliment.

LAURE, à part.

Je crois, en vérité, que mon père me raille.

M. DUPRÉ.

Il est vrai que depuis six heures je travaille ;
Mais moi, c'est différent, je suis fait pour cela.
Puis-je espérer, du moins, que Laure m'apprendra
Quelle est la maladie imprévue et soudaine ?......

LAURE.

C'est qu'aujourd'hui je suis dans mon jour de migraine.

M. DUPRÉ.

La migraine !!... comment ! ai-je bien entendu ?

La migraine chez moi ! !... Je suis tout confondu.....
Ma fille, écoutez bien, et qu'il vous en souvienne :
Chez moi, je n'entends pas que l'on ait la migraine...
Il ne tiendrait qu'à moi d'en avoir une aussi !
Mais, diantre ! on n'acquiert pas de la fortune ainsi ;
Toute mince qu'elle est, je n'aurais pas la mienne,
Si je m'étais permis, comme vous, la migraine.

LAURE, avec humeur et embarras.

Vous me traitez bien mal, mon père, en vérité.

Mme DUPRÉ, se précipitant vers sa fille et l'embrassant.

(à son mari.)

Chère enfant ! Ah ! monsieur, c'est de la dureté !

M. DUPRÉ.

Que de mes actions vous jugez bien la cause !
Mais laissons ce chapitre, et parlons d'autre chose.
Mesdames, veuillez bien m'écouter un instant,
Je vais vous faire part d'un objet important.

Mme DUPRÉ.

D'un objet important ! que dites-vous ?

M. DUPRÉ.

Sans doute ;

Il s'agit d'un mari.

LAURE.

Pour moi, mon père ?

M. DUPRÉ.

Écoute.

Le père de Duval me quitte en ce moment ;
Il faut, avec son fils, en finir promptement.

LAURE, à part.

Dieu ! qu'entends-je ?

M. DUPRÉ.

   Je tiens à faire une alliance,
Dont le projet existe avant votre naissance.
Mon vieil ami, sous peu, devant quitter Paris,
Dès demain tu seras l'épouse de son fils.

LAURE , se jetant aux pieds de son père.

O mon père, je dois à vos bontés touchantes
Une éducation, certes, des plus brillantes ;
Ai-je reçu de vous un semblable présent,
Pour me voir aujourd'hui la femme d'un marchand?

M. DUPRE.

La femme d'un marchand !... Y pensez-vous, ma fille?
Mais je suis marchand, moi! mais toute ma famille,
Celle de votre mère, enfin tous nos parents
Ne sont-ils pas de bons et d'honnêtes marchands?

Mme DUPRÉ.

S'il m'est permis de dire ici ce que je pense,
Son éducation nous donnait l'espérance
De.....

M. DUPRÉ , l'interrompant.

  Vous venez de dire enfin le mot fatal !
Son éducation, voilà, voilà le mal !.....
Malheureux! ah! pourquoi mon imprudence extrême
L'a-t-elle confiée à d'autres qu'à moi-même !

(à sa fille.)

A quoi vous serviront tous ces talents? à rien.
Ma fille, il en faut peu, quand on a peu de bien.
Trop fière pour un rang, trop peu riche pour l'autre,
Sans pouvoir en sortir, vous méprisez le vôtre ;
Et ce que vous vaudront des talents orgueilleux ,

C'est d'être également déplacée en tous lieux.

(se tournant vers sa femme.)

Madame, la voilà comme vous l'avez faite;
Votre vanité folle est-elle satisfaite?
L'union, les rapports qui régnaient entre nous,
La douce intimité, vous les détruisez tous;
Et, nous rendant enfin étrangers l'un à l'autre,
Vous anéantissez son bonheur et le nôtre.

Mme DUPRÉ.

Devant ma fille! ô ciel! ces accusations....

M. DUPRÉ.

Je rends pleine justice à vos intentions.
Oui, madame, je sais combien vous êtes bonne.
Je dirai plus, ici je ne trouve personne
Qui ne soit, comme vous, délicat, généreux.
Eh! bien, un seul travers nous rend tous malheureux.

Mme DUPRÉ.

Mais ce travers enfin, cette erreur, quelle est-elle?

M. DUPRÉ.

Laure aimait autrefois la maison paternelle;
En de plus heureux temps, ce modeste séjour
Suffisait à ses vœux. Mais depuis son retour,
L'ambition, l'orgueil tourmentent sa pensée,
Et ma fille, chez moi, se trouve déplacée.
Que dis-je? elle rougit de sa condition!
Quel en est le motif? son éducation.
Mais j'ai, dans ce moment, madame, contre Laure
Un grief plus puissant, plus sérieux encore.
Je la vois repousser l'espoir que j'ai nourri
De lui donner le fils de Duval pour mari?
Cet hymen aurait fait son bonheur et le nôtre;
Duval le desirait; nous comptions l'un et l'autre,

Par ce plan, dans lequel vous étiez de moitié,
Resserrer les liens d'une vieille amitié.
Mais non ! son fils n'a plus l'affection de Laure.
Que dis-je ? je suis sûr qu'il la possède encore.
Oui, dans le fond du cœur elle chérit Duval ;
Mais peut-elle en vouloir ? il n'est que son égal.
Eh bien ! ce sacrifice affreux qu'elle s'impose,
Son éducation en est encor la cause.

Mme DUPRÉ.

Son éducation ! quittez donc ce refrain !

M. DUPRÉ.

Tenez ! son avenir à mes yeux est certain.
L'amant aimé, l'amant de son choix, de son âge,
Elle l'a dédaigné ! mais ceux de qui l'hommage
Peut flatter son orgueil, et non pas son amour,
Elle sera par eux dédaignée à son tour.

Mme DUPRÉ.

Oui, vous parlez très-bien, pourtant votre éloquence
Portait à faux. Quelqu'un d'une fortune immense
Rend justement des soins à ma fille aujourd'hui.

M. DUPRÉ, à part.

Nous y voilà !

Mme DUPRÉ.

J'allais vous dire un mot de lui.

M. DUPRÉ.

Il est, me dites-vous ?....

Mme DUPRÉ.

D'une grande famille.

M. DUPRÉ.

Je suis son serviteur, il n'aura point ma fille.

Je ne veux pas un jour l'exposer à songer
Qu'en devenant mon gendre, il a pu déroger.

Mme DUPRÉ.

Mais la fierté jamais n'est entrée en son ame;
C'est l'homme le plus doux....

M. DUPRÉ.

Écoutez moi, ma femme;
Car, je vais vous parler ici sans passion.
En mariage, moi, j'ai pour opinion
Qu'il ne faudrait jamais ni monter ni descendre;
Bourgeois, je veux avoir un bourgeois pour mon gendre.

Mme DUPRÉ.

S'il a des qualités, monsieur, et des vertus,
Son rang ne peut pas être un motif de refus.

M. DUPRÉ.

Mais cet homme, pour qui vous montrez tant de zèle,
A-t-il fait de sa main la demande formelle?

Mme DUPRÉ.

Non pas précisément encor.

M. DUPRÉ.

Que dites-vous?

Mme DUPRÉ.

Depuis six mois, il vient assidûment chez nous;
Tous les matins, ils font de la musique ensemble;
Il compose des vers pour ma fille! il me semble
Que cela doit s'entendre. Et d'ailleurs, hier matin,
D'une riche héritière il refusa la main.

M. DUPRÉ.

Comment! il ne s'est point expliqué davantage?

Mme DUPRÉ.

Que voulez-vous de plus?

M. DUPRÉ.

     Mais c'est qu'il est d'uság̀e
Que l'on parle , madame , un peu plus clairement.

Mme DUPRÉ.

S'il n'a rien dit encore affirmativement ,
Je sais de bonne part qu'il en est à la veille....
 (lui parlant à l'oreille.)
Il s'occupe déjà d'acheter la corbeille.

M. DUPRÉ.

D'acheter la corbeille ! ah ! j'admire vraiment
Et votre bonhommie et votre aveuglement.
Ma femme , je n'ai point vos prétentions folles ,
Et ne me paîrai point de ces raisons frivoles.
S'il ne s'explique pas aujourd'hui , dès ce soir ,
Demain vous voudrez bien ne plus le recevoir.

SCÈNE VI.

FLORINE , LAURE , ROSAMBERT , M. DUPRÉ , Mme DUPRÉ.

FLORINE , entrant brusquement.

Monsieur de Rosambert !

ROSAMBERT , entrant.
(à Laure, sans avoir l'air de voir les autres personnages.)

     Eh ! quoi, charmante Laure ,
En ces lieux se peut-il que vous soyez encore ?
Depuis une heure au moins mon landau vous attend ;

LAURE , lui montrant M. Dupré.

Monsieur, voici mon père ; il arrive à l'instant.

ROSAMBERT, à part, après avoir salué.

Voilà, sur ma parole, un visage de père
Qui ne rit pas souvent.

M. DUPRÉ.

Vous m'apprendrez, j'espère,
Où vous comptez aller, mesdames?

Mme DUPRÉ.

Au concert.

M. DUPRÉ.

Encore!

Mme DUPRÉ.

Chez la sœur de monsieur Rosambert.

M. DUPRÉ, la regardant avec étonnement.

La sœur..!

Mme DUPRÉ.

C'est de ma Laure une ancienne compagne,
Qui, pendant les beaux jours, habite la campagne.
Elle y donne une fête, et nous fait inviter;
Il est bien naturel d'aller la visiter.

M. DUPRÉ.

Vous n'irez pas.

LAURE, à part.

O ciel!

Mme DUPRÉ.

Monsieur, ma pauvre Laure
A si peu *d'agréments!* Voudriez-vous encore
Nous empêcher...?

ROSAMBERT.

Monsieur sans doute ne sait pas
(se tournant vers madame Dupré.)

Qu'au château vous devez accompagner ses pas?

M. DUPRÉ, *séchement.*

Pardonnez-moi.

ROSAMBERT.

Monsieur, permettez. Votre fille
Peut, sans rougir, je crois, venir dans ma famille.
Un tel refus devient injurieux pour moi,
Et je n'attendais pas l'affront que je reçoi.
J'occupe dans le monde un rang...!

M. DUPRÉ.

Cela peut être;
Mais je n'ai pas encor l'honneur de vous connaître.
Dans mon absence, ici, vous venez fréquemment!
Je me sens très-flatté de cet empressement;
Mais voilà fort long-temps qu'il dure. Je suis père;
Une explication me paraît nécessaire,
Et je ne pense pas, monsieur, être indiscret,
En réclamant l'honneur d'un entretien secret.

ROSAMBERT.

Monsieur, certainement j'aurai beaucoup de joie,
Et j'ai hâte...

(à part.)

Quel dieu malfaisant nous l'envoie!

Mme DUPRÉ.

Cependant, mon ami, la voiture est en bas.
Et.....

M. DUPRÉ.

Je l'ai déjà dit, vous ne sortirez pas.

Mme DUPRÉ.

Songez que j'ai promis, que l'on va nous attendre.

M. DUPRÉ.

Vous ne sortirez pas.

Mme DUPRÉ.

Mais daignez donc m'entendre ;
Car enfin c'est avoir trop d'exigeance aussi.

M. DUPRÉ.

Ma femme, je suis maître, et je le veux ainsi.

SCÈNE VII.

FLORINE, LAURE, M. DUPRÉ, Mme DUPRÉ, BABET,
ROSAMBERT.

BABET, à M. Dupré.

Dans votre cabinet, un monsieur vous demande.

M. DUPRÉ.

Quel contre-temps !

ROSAMBERT, à part.

Tant mieux !

M. DUPRÉ.

Priez que l'on attende.

BABET.

Il s'agit, m'a-t-il dit, d'un objet important.

M. DUPRÉ.

Veuillez rester, monsieur. Je reviens... à l'instant.
(M. Dupré sort.)

ROSAMBERT.

Mais ne vous gênez pas.
(à part.)

Dieu ! quel homme sévère.
On a meilleur marché d'un mari que d'un père.

SCÈNE VIII.

Mme DUPRÉ , LAURE , FLORINE , ROSAMBERT ,
BABET.

LAURE.

Ah ! c'est affreux , vraiment, de ne pouvoir sortir.

ROSAMBERT, à part.

Je ne sais, mais je crois qu'il est temps de partir.

Mme DUPRÉ.

Je le veux ! as-tu vu quel ton il vient de prendre ?

LAURE.

C'est que mon père est vif, et vous devez comprendre..

Mme DUPRÉ , en colère.

Ces airs impérieux ne me conviennent pas !
Je le veux !... c'est indigne ! et je vais de ce pas...

LAURE , vivement.

Qu'allez-vous faire, ô ciel !

(à part.)

Son courroux m'inquiète.

Mme DUPRÉ.

Rentrer chez moi, ma fille, et changer de toilette.

(elle sort.)

SCÈNE IX.

FLORINE , ROSAMBERT , LAURE , BABET.

ROSAMBERT.

Qu'a donc monsieur Dupré ? je m'y perds, sur ma foi !
Laure, concevez-vous sa conduite envers moi ?
J'avais lieu d'espérer quelques égards, je pense.

LAURE, à part.

Il faut que je l'amène à rompre le silence.

(haut et avec effusion.)

Écoutez ! il est temps que vous vous prononciez.
Si vous tardez d'un jour, vous me sacrifiez.

ROSAMBERT.

Que dites-vous ?... daignez éclaircir ce mystère.

LAURE.

Un jeune homme, le fils d'un ami de mon père,
Vient de lui demander ma main.

ROSAMBERT.

Il se pourrait?

LAURE.

Monsieur Dupré l'appuie, et ma mère se tait ;
Ma situation est pénible ! cruelle !

ROSAMBERT.

Et... qu'allez-vous répondre enfin, mademoiselle?

LAURE, à part.

Il prend un air piqué ! je crois qu'il est jaloux ;
Tant mieux !

(haut et d'un air triomphant.)

Mais vous, monsieur, que me conseillez-vous?

ROSAMBERT.

Je ne demande pas si cet homme vous aime ;
Est-ce un homme d'honneur?

LAURE.

C'est la probité même.

ROSAMBERT.

A-t-il de la fortune?

LAURE, avec étonnement.

Oui, beaucoup plus que moi.

ROSAMBERT.

Et lui connaissez-vous un état, un emploi?

LAURE, avec plus de surprise encore.

Ce n'est qu'un commerçant... c'est Duval.

ROSAMBERT.

A merveille!

(gravement.)

Tout bien considéré, Laure, je vous conseille
De l'accueillir.

LAURE, vivement.

Qui! moi! monsieur! que dites-vous?

ROSAMBERT.

Qu'il faut, à mon avis, le prendre pour époux.

LAURE, atterrée.

Je ne vous comprends pas, quelle idée est la vôtre!

ROSAMBERT.

Je suis fort clair pourtant.

FLORINE, à part.

En voici bien d'une autre!

LAURE.

C'est vous qui me tenez un semblable discours?

ROSAMBERT.

Sans doute, voulez-vous rester fille toujours?
Mais qu'a donc ce discours qui vous doive surprendre?
Mariez-vous; c'est là le parti qu'il faut prendre;
C'est ainsi qu'on obtient dans la société

(finement.)

Une existence, un rang.... et de la liberté.

(Laure fait un mouvement.)

Qu'avez-vous? d'où provient cette surprise extrême?
Ce conseil est celui de quelqu'un qui vous aime.

BABET.

Qui l'aime ! juste ciel !

ROSAMBERT, d'un air affectueux.

Eh ! mais, encore un coup,
Je le répète ici, je vous aime beaucoup.
Oui, ma chère Laure, oui, l'avis que je vous donne,
En est, j'ose le dire, une preuve assez bonne.
C'est un digne marchand ! un honnête bourgeois !
Et pour vous, de tout point, c'est un excellent choix.

LAURE , sans le regarder.

Alors, monsieur, qu'au moins votre bouche s'explique;
Que veniez-vous donc faire ici ?

ROSAMBERT.

De la musique.

LAURE.

Est-il possible ? ô ciel ! je recule d'effroi !
Quel abîme, grand Dieu, j'aperçois devant moi !....

(à Rosambert.)

Sortez.

ROSAMBERT.

Qui, moi ?

LAURE.

Sortez, vous dis-je.

ROSAMBERT.

Mais encore....

LAURE.

J'en ai trop entendu, laissez-moi.

ROSAMBERT.

Belle Laure,
Eh ! quoi, vous m'accusez ! oh ! cela n'est pas bien :

Votre erreur est de vous, et je n'y suis pour rien....
Vous êtes envers moi d'une injustice extrême.

LAURE.

Sortez, dis-je ; ou je vais me retirer moi-même.

ROSAMBERT.

Madame, j'obéis, et je vais, loin de vous,
Attendre que le temps calme ce grand courroux.

(à Florine, qu'il rencontre dans le fond du théâtre.)

Elle s'affecte trop ; et pour des bagatelles.
Calmez-la, puis venez m'en dire des nouvelles ;
Je serai, belle enfant, enchanté de vous voir.

FLORINE.

Oui, monsieur.

ROSAMBERT.

Adieu donc, ma charmante, à ce soir.

(Il sort.)

SCÈNE X.

LAURE, FLORINE, BABET.

LAURE, se levant tout à coup avec transport.

Veillé-je ? quels aveux, ô ciel, il vient de faire !
Quelle horrible franchise !.... ô mon père, mon père,
Devais-je mépriser vos avis paternels ?......
Duval n'aurait pas eu ces procédés cruels ;
Il m'aimait, et son cœur était sans artifice.

(à Babet, vivement.)

Va le trouver, dis-lui que je me rends justice,
Que je connais mes torts, que je renonce à lui,

Que je ne prétends plus être aimée aujourd'hui ;
Cachons à tous les yeux mes chagrins.

BABET.

Pauvre Laure !

LAURE.

Si je souffre, qu'au moins tout le monde l'ignore.

(Elle sort.)

SCÈNE XI.

FLORINE, BABET.

BABET, à part.

Ah ! courons consoler cette chère enfant-là ;
Elle en a grand besoin ! et quand elle saura
Que Duval, pour une autre, aujourd'hui l'abandonne.
Il m'en charge pourtant ; quel message il me donne !

(Elle sort.)

SCÈNE XII.

FLORINE, seule.

Entre nous, a-t-il tort de la quitter? oh ! non.
Pouvait-elle fixer un homme de ce nom?
Voilà comme jamais on ne se rend justice ;
L'ambition nous perd. Ah ! c'est un bien grand vice !
Il faut, pour le séduire et pour le captiver,
Un tout autre mérite... allons le retrouver.

FIN DU QUATRIÈME ACTE.

ACTE V.

SCÈNE PREMIÈRE.

CLAIRE, DUVAL fils.

CLAIRE.

Mais vous me surprenez ; quelle étrange nouvelle ?
Son père aurait si peu d'autorité sur elle !
Quoi ! mon oncle aurait fait des efforts superflus ,
Et lui-même viendrait d'essuyer un refus !

DUVAL FILS.

Mon père me l'a dit, et j'y comptais d'avance ;
La chose est positive.

CLAIRE , avec intérêt.

Ainsi, plus d'espérance !
(Elle lui prend la main.)

Pauvre Duval ! Tenez , je suis de bonne foi ,
Personne ne vous plaint plus franchement que moi.

DUVAL FILS.

Ah ! détrompez-vous bien , je ne suis pas à plaindre.

CLAIRE.

Avec moi , pourquoi donc essayez-vous de feindre ?

DUVAL FILS.

Claire , écoutez, je vais vous étonner , je croi,
J'ai beaucoup observé ce qui se passe en moi,
Et je vois maintenant que je n'aime pas Laure.

CLAIRE.

Allons, vous plaisantez.

DUVAL FILS.

Je dirai plus encore,
Dussiez-vous m'accuser de démentir les faits,
C'est que réellement je ne l'aimai jamais.

(elle fait un mouvement.)

Ce discours, je le sens, a droit de vous surprendre ;
Mais ne me jugez pas, Claire, avant de m'entendre.
Amis dès le berceau, près de nos bons parents ,
Elle et moi, nous avons passé nos premiers ans.
De nous unir un jour ils avaient l'espérance ;
Et nous, jeunes, naïfs et pleins de confiance ,
Nous aimions, destinés à devenir époux ,
A répéter des noms qui nous semblaient si doux.
Sous les yeux d'une mère , ainsi notre tendresse
Croissait avec le temps, nous occupait sans cesse ;
Ce sentiment bientôt de nos cœurs s'empara !
Ce fut en ce moment que l'on nous sépara.
Je ne vous peindrai point mes chagrins ; son absence
Me fit, pendant long-temps, sentir un vide immense.
Bien qu'elle m'eût quitté, je la voyais toujours !
L'imagination venant à mon secours,
Et de mille vertus décorant son image ,
Absente , je l'aimais chaque jour davantage.
Il vint enfin, le temps marqué pour son retour,
Temps heureux ! qui devait la rendre à mon amour.
Vous avez pu juger de mon impatience ;
Vous savez si mon ame en tressaillit d'avance !
Elle vint : je la vis avec tranquillité ,
Mon cœur, à son aspect, fut à peine agité.
Je ne lui trouvai point cette douceur charmante,
Dont je l'embellissais , quand elle était absente.

Loin de là, chaque fois que je l'observais mieux,
Elle perdait toujours quelque charme à mes yeux.
Du moment où je fus avec elle sans cesse,
Je sentis par degrés s'affaiblir ma tendresse,
Je sentis en un mot que je l'estimais moins.
Elle avait cependant mon hommage et mes soins,
Et mon cœur s'obstinait à ne pas la connaître.
Mais à force de voir tous les jours disparaître
Un de ses agréments, une de ses vertus,
Je m'aperçus enfin que je ne l'aimais plus.

CLAIRE, à part, avec sentiment.

Ah ! js sens que mon ame à l'espoir s'est ouverte.

DUVAL.

Cs n'est pas tout; j'ai fait une autre découverte :
Peut-être vous aurez peine à me concevoir,
J'aimais un autre objet sans m'en apercevoir,

CLAIRE.

O ciel ! que dites-vous ?

DUVAL FILS.

　　　　　　　Une femme charmante ,
Dans l'absence de Laure, était ma confidente.
De souvenirs amers quand j'étais accablé,
Je lui disais ma peine, et j'étais consolé.
Tant qu'une passion, que je croyais réelle,
Occupa mon esprit, je fus distrait près d'elle ;
Sans les apprécier, je voyais tant d'appas,
Je sentais ses vertus, je ne les jugeais pas.
Mais, lorsque revenu de mon erreur extrême,
J'eus le temps de porter mes regards sur moi-même ;
Lorsque je me sus libre enfin, et que mes yeux
Dessillés à jamais, purent l'observer mieux ;
Combien, en cet instant, mon ame fut émue !

Et que je m'étonnai de l'avoir meconnue!
En la voyant de près, en la voyant toujours,
Dans ses yeux, dans son air, dans ses moindres discours,
J'apercevais sans cesse une grâce nouvelle;
Et par degrés enfin, je découvrais en elle
Ces charmes qui, naguère, à mes yeux éblouis,
Dans Laure, par degrés, s'étaient évanouis.
Du moment où mon cœur la connut toute entière,
Elle reproduisit cet être imaginaire,
Que j'avais poursuivi, dont j'étais enchanté;
Ma chimère devint une réalité!
Ce qui m'avait séduit, c'était une personne
Brillante de vertus, douce, modeste et bonne;
Je ne m'étais trompé que de nom, je croyais
Aimer votre cousine, et c'est vous j'aimais.

CLAIRE, avec transport.

Est-ce une illusion mensongère, trompeuse!...
Duval!... il m'aimerait!... je serais trop heureuse!...

DUVAL FILS, s'approchant.

Ai-je bien entendu?... De grâce, expliquez-vous?
Daignez me confirmer, Claire, un aveu si doux.

CLAIRE, s'éloignant.

Ah! qu'ai-je fait, grand Dieu! quelle horrible imprudence!

DUVAL FILS, la ramenant.

Quoi! vous regrettez...?

CLAIRE, avec effusion.

                    Non; j'ai dit ce que je pense.
Oui, Duval, vous savez le secret de mon cœur;
De Laure, chaque jour, j'enviais le bonheur.

DUVAL FILS.

Claire, combien votre ame est généreuse et belle!
Quoi! je vous étais cher, et vous parliez pour elle!

CLAIRE.

Il faut aimer les gens pour eux, et non pour soi.
En vous voyant épris d'un autre objet que moi,
J'ai dit : Si je ne puis le rendre heureux moi-même,
Ah ! tâchons qu'il le soit du moins par ce qu'il aime.
Mais, monsieur, Laure à qui vous deviez vous unir...

DUVAL FILS, l'interrompant.

Elle sait tout; Babet vient de la prévenir.
Ainsi, vous le voyez, au point où nous en sommes,
Si vous m'aimez, je suis le plus heureux des hommes.

CLAIRE.

Quoi! vous épouseriez une fille sans bien !
Duval, y pensez-vous ? songez que je n'ai rien.

DUVAL FILS.

Claire, vous n'avez pas la richesse de Laure,
Mais on trouve, dans vous, ce qui vaut mieux encore.
La fortune est souvent un appât dangereux,
Les vertus sont la dot la plus belle à mes yeux.

SCÈNE II.

CLAIRE, M. DUPRÉ, Mme DUPRÉ, BABET, DUVAL FILS.

M. DUPRÉ, à sa femme.

Rosambert est parti; j'en étais sûr d'avance.
D'un père vigilant il a craint la présence.
Mais, dites-moi, que fait ma fille en ce moment ?

Mme DUPRÉ.

Ma pauvre Laure ! elle est dans un accablement..!
Elle s'est enfermée.

M. DUPRÉ.

Ordonnez qu'on l'appelle.

SCÈNE III.

CLAIRE, M. DUPRÉ, Mme DUPRÉ, BABET, DUVAL fils.

BABET, à madame Dupré, en entrant.

Eh ! bien, madame, eh ! bien, savez-vous la nouvelle ?

Mme DUPRÉ.

Non.

M. DUPRÉ, interrompant Babet.

Ma fille, Babet, ne viendra-t-elle pas ?

BABET.

Pardonnez-moi, monsieur; car elle suit mes pas.

(à madame Dupré.)

Ah ! je puis donc enfin dire ce que je pense !
Cette Florine, en qui vous aviez confiance,
Cet excellent sujet, qui nous supplantait tous,
Et qui faisait la pluie et le beau temps chez nous ....

Mme DUPRÉ.

Eh ! bien, qu'a-t-elle fait ?

BABET.

Ce qu'elle a fait, madame ?
Ce qu'elle a fait... allez, allez c'est une chose infâme !
J'avais toujours prédit qu'elle finirait mal !
J'en causais ce matin avec monsieur Duval.

M. DUPRÉ.

Mais en finiras-tu ?

Mme DUPRÉ.

Quelle étrange aventure ?...

BABET.

Elle vient à l'instant de fuir dans la voiture
De monsieur Rosambert.

Mme DUPRÉ.

Ah! grand dieu, que dis-tu?
La compagne de Laure!

CLAIRE, à part.

O ciel! qui l'aurait cru?

Mme DUPRÉ.

Florine qui sortait d'une honnête famille!

M. DUPRÉ.

Voilà donc les dangers que courait votre fille!

SCÈNE IV.

CLAIRE, LAURE, M. DUPRÉ, Mme DUPRÉ,
DUVAL FILS, BABET.

M. DUPRÉ, à sa fille.

Venez, Laure! je vais vous parler... sans courroux.
A quel état, ô ciel! vous nous reduisez tous!
Abusant de l'amour d'une trop faible mère,!
Vous l'avez opposée aux volontés d'un père.
Nous différons d'avis pour la première fois!
Après trente ans, c'est vous, Laure, à qui je le dois!
En dédaignant les vœux d'un homme qui vous aime,
Vous avez repoussé l'honneur, la vertu même;
Et pour qui?... je ne puis y penser sans frémir!
Vous avez exposé notre front à rougir!
Cette conduite-là peut-elle être excusable?
J'en appelle à vous-même!

LAURE.

                    Ah! je suis bien coupable.
Mon père, accablez-moi du poids de vos mépris;
Je ne m'en plaindrai pas. Oui, c'est le digne prix
Du ridicule orgueil qui m'avait entraînée.
Malheureuse! oubliant dans quel rang je suis née,
Et rougissant de ceux dont j'ai reçu le jour,
A l'amour-propre enfin sacrifiant l'amour,
J'ai rêvé des grandeurs la brillante chimère!
Mais vous êtes vengé, pardonnez-moi, mon père.
Un seul jour, un instant vient de me rendre à moi;
Le prestige est détruit, mes yeux s'ouvrent: je voi
Qu'à l'égard de vous tous ma conduite est affreuse.

      (jetant les yeux sur Duval.)

Je vois que je dois être à jamais malheureuse,

          M. DUPRÉ, vivement.

Non, tout n'est pas perdu, ma fille; écoute-moi.
Ton repentir me plaît, je suis content de toi:
Pour t'égarer long-temps, je ne te crois pas faite;
Du fils de mon ami je serai l'interprète.
      (il regarde ce dernier qui est embarrassé.)
Malgré tes torts, c'est lui qui sera ton époux;
J'en suis sûr, il consent à les oublier tous.

      (Laure, Duval, et Claire ont un air contraint; M. Dupré les
      considère avec surprise quelques instants.)

          Mme DUPRÉ, à sa fille.

Oui, mon enfant, c'est lui qui te convient.

          LAURE.

                          Mon père,
Cessez de vous flatter d'une vaine chimère.
Ah! j'ai trop méconnu son cœur tendre et loyal;

Il n'est plus temps, je suis indigne de Duval.
Sourde à la voix de Claire, à la sienne, à la vôtre,
Je l'aimais, et pourtant j'en accueillais un autre !
Son cœur, las à la fin de se voir rebuté,
A fait un autre choix , je l'ai bien mérité.

Mme DUPRÉ.

Que dit-elle ?

CLAIRE , à part.

Grand Dieu !

SCÈNE V.

CLAIRE , LAURE , M. DUPRÉ , DUVAL père , Mme DUPRÉ,
DUVA fils , BABET , dans le fond.

(Duval père entre sans être vu, et se tient dans le fond du théâtre.)

LAURE.

Je n'accuse personne,
Tous les torts sont à moi, ma cousine est si bonne !
Elle a voulu cent fois me rapprocher de lui ;
En mille occasions , et surtout aujourd'hui,
Elle a prouvé pour moi son amitié, son zèle.
Laure ne sera pas moins généreuse qu'elle !

(prenant la main de Claire.)

Unissez-les , mon père , et comblez tous leurs vœux ;
Vous ferez mon bonheur , en les rendant heureux.

Mme DUPRÉ , s'élançant vers Laure.

Ma fille !... chère enfant !... quelle délicatesse.

CLAIRE , à sa cousine.

Laure...

DUVAL FILS, à Laure.

Mademoiselle...

Mme DUPRÉ, à Claire avec transport.

Embrassez-la, ma nièce.

DUVAL PÈRE, se montrant.

Bravo ! je suis content de ce que je vois là.
Elle a du bon, ta fille, et se corrigera.

M. DUPRÉ.

Je suis de ton avis ; oui, ma Laure est charmante.

(à sa fille.)

Bien, fort bien, mon enfant, ta conduite m'enchante.
J'aime à revoir en toi ces doux épanchements,
Et reconnais ma fille à de tels sentiments.
Te voilà corrigée ! oui, je te crois capable
De faire le bonheur d'un époux estimable ;
Et tu le trouveras.

(se tournant vers Duval et Claire.)

Pour ces jeunes gens-ci...

DUVAL PÈRE.

Il faut les marier.

M. DUPRÉ.

J'y consens, mon ami.
Mais crois-tu leurs amours sincères, véritables ?

DUVAL PÈRE.

Tiens, regarde plutôt la rougeur des coupables.

M. DUPRÉ.

Malgré tous les projets que j'aimais à former,
Je dois en conveni, mon ami, je ne puis te blâmer ;
Je sens que ta conduite est celle d'un bon père,
Et vois avec plaisir l'hymen qui va se faire.

Mais, puisque j'ai chez moi ramené la raison,

(se tournant vers sa femme.)

Dès demain, je prétends que tout, dans la maison,
Soit sur le même pied qu'auparavant.

BABET, se précipitant vers madame Dupré.

Madame,
Un moment. S'il en est ainsi, moi, je réclame
Une grande faveur.

Mme DUPRÉ.

Qu'est-ce donc, s'il te plaît?
Parle, je ne puis rien te refuser, Babet.

BABET.

J'y tiens par dessus tout, madame.

Mme DUPRÉ.

Mais encore,
Quelle est cette faveur?

BABET.

C'est de tutoyer Laure.

LAURE.

Je t'en prie.

M. DUPRÉ, prenant la main de Claire et se retournant vers Duval fils.

Écoutez, vous allez être unis.
Comme oncle, comme père, ici je vous bénis.
Soyez heureux, formez des liens de famille;
Et si le ciel un jour vous envoie une fille,
Croyez-moi, donnez-lui, sans faste et sans éclat,
Une éducation conforme à son état.

FIN DU CINQUIÈME ET DERNIER ACTE.

AVIS ESSENTIEL

POUR LA MISE EN SCÈNE.

Le salon doit avoir cinq portes, trois au fond, deux latérales. Coté gauche de l'acteur, le dehors; première porte du fond, appartement de M. Dupré; celle du milieu au fond, magasin-salon; la porte suivante à droite, aussi au fond, appartement de madame Dupré; porte latérale, côté droit de l'acteur, appartement de Laure.

Les emplois sont les suivants :

DUPRÉ, négociant, père de Laure (*premier rôle*), cinquante ans.

DUVAL père, ami de M. Dupré, et retiré à la campagne (*financier*), cinquante-cinq ans.

M. DE ROSAMBERT, frère d'une amie de pension de Laure (*jeune premier*), vingt-cinq ans.

DUVAL fils, caissier de M. Dupré (*jeune premier.*)

UN LAQUAIS EN LIVRÉE (*utilité.*)

MADAME DUPRÉ, mère de Laure (*mère noble.*)

LAURE, sa fille (*jeune première.*)

CLAIRE, nièce de M. Dupré et orpheline (*ingénuité.*)

MADAME DORVAL, sœur de M. de Rosambert, et amie de pension de Laure (*premier rôle.*)

FLORINE, demoiselle de comptoir (*soubrette.*)

BABET, vieille domestique (*caractère.*)

Deux laquais.

Tous les personnages sont habillés à la moderne; M. Duval, seul, a une perruque poudrée et une *capote* grise par dessus un habit de forme antique.

LIVRES DE FONDS.

OEuvres de Diderot, nouvelle édition, augmentée d'un grand nombre de morceaux inédits, et précédée de *Mémoires historiques et philosophiques*, par *J. A. Naigeon*, de l'Institut, 22 vol. in-8°. ornés du portrait de l'auteur . . . . 132 fr.
—Satiné. . . . . 143 fr.
—Grand raisin d'Annonay, satiné . . . . 220 fr.
—Grand raisin vélin d'Annonay, satiné . . . . 440 fr.

Répertoire universel de Jurisprudence, par M. le comte *Merlin*. 15 vol. in-4. imprimés à 2 colonnes, texte petit-romain. 225f.

De l'État social de l'Homme, par *Fabre d'Olivet*. 2 vol. in-8.
. . . . 12 fr.
—Satiné. . . . . 13 fr.
—Papier vélin satiné. . . . . . 24 fr.

OEuvres de Regnard, 6 vol. in-8. nouvelle édition, imprimée par *Crapelet*, sur papier superfin, augmentée de Notes, Variantes, Additions, et d'une Notice de M. *Beffara* sur la naissance et la mort de Regnard. . . . . . 27 fr.
—Satiné. . . . . 30 fr.

Collection de huit vignettes et d'un beau portrait, pour les OEuvres de *Regnard*, d'après les dessins de Moreau le jeune. . . . . 6 fr.

Histoire de la vie et des ouvrages de J.-J. Rousseau, seconde édition, augmentée de Lettres inédites à madame d'Houdetot. 2 vol. in-8. . . . . 12 fr.
—Le même ouvrage, 2 vol. in-12. . . . . 7 fr. 50 c.

Classiques Français; Collection publiée par les soins de M. Auger de l'*Académie Française*. 50 vol. in-32, imprimés par *Didot l'aîné*, sur papier vélin superfin d'Annonay; et ornés d'un beau portrait de chaque auteur, d'après les dessins de *Dévéria*, et gravés par nos meilleurs artistes. Le Prospectus de cette Collection, destinée à remplacer les plus beaux Elzeviers, paraît, ainsi que les deux premières livraisons, composées de cinq volumes, prix des 5 vol. . . . . 13 fr.

OEuvres complètes de Vauvenargues, 3 vol. in-8. dont 1 vol. d'OEuvres posthumes. . . . 18 fr.
—Papier d'Annonay, satiné. 22f. 50
—Grand papier vélin. . . . . . . 90 fr.
—Les mêmes, 3 vol. in-18. . . 9 fr.
—Grand raisin vélin d'Annonay, satiné. . . . . 24 fr.

Fables de Le Bailly, 1 vol. in-8°. imprimé par *P. Didot l'aîné*, sur papier vélin d'Annonay satiné, orné de deux figures. 8 fr.
—Grand raisin vélin d'Annonay satiné, triples épreuves. 20 fr.

SOUSCRIPTION.

OEuvres de Sénèque le Philosophe, traduites du latin par *La Grange*, 12 vol. in-8°., le texte placé en regard. Nouvelle édition, revue par deux Professeurs de l'Université.